Adolphe Orain

La chouannerie en pays Gallo

Anecdotes, témoignages et souvenirs inédits

LA CHOUANNERIE
EN PAYS GALLO

L'INCENDIE DU CHÂTEAU DE LA FEUILLÉE

Le château de la Feuillée, avec enceinte fortifiée, qui se trouvait situé près de l'étang de Martigné-Ferchaud, fut brûlé par les gardes nationaux de Bais et de Retiers, dans le courant du mois de juin 1792.

Celui de Cuillé, dans la Mayenne, fut également dévasté et brûlé le soir de la foire de cette commune, en juin 1792.

Le 1er juillet suivant, jour de l'assemblée de Saint-Pierre, à Bourgon (Mayenne), une dispute éclata entre royalistes et républicains, et une rixe s'ensuivit. Les chouans furent les plus forts. Un sieur Sauvé, chirurgien, demeurant au bourg, fut leur victime. Ils le maltraitèrent, pillèrent sa maison, burent son cidre, défoncèrent ses tonneaux sur la rue, et le soir, mirent le feu à une barge de fagots qui se trouvait dans la cour.

Le 26 juillet 1792, jour de Sainte-Anne, les prêtres qui n'avaient pas prêté serment à la Constitution durent quitter leurs paroisses. À partir de cette date, les églises furent fermées partout où il n'y eut pas de prêtres assermentés.

Le 28 septembre de la même année, les gardes nationaux d'Andouillé, de la Baconnière et de Saint-Hilaire se rendirent au Bourg-Neuf, où, malheureusement pour eux, ils s'enivrèrent. Le tocsin sonna dans toutes les communes environnantes, de sorte que les royalistes ainsi prévenus, arrivèrent vers la brune, armés, quelques-uns de fusils, et les autres de fourches, de taille-marcs et de divers instruments. Ils attaquèrent les républicains, tuèrent le commandant, 50 à 60 hommes, et mirent les autres gardes nationaux en fuite.

Onze morts seulement furent enterrés dans le cimetière : l'on se contenta d'enfouir les autres dans les champs avoisinant le bourg.

UNE LEVÉE DE 300 000 HOMMES EXASPÈRE LES PAYSANS

Les habitants de la campagne des environs de Vitré ne témoignèrent jamais d'enthousiasme pour la révolution. Les conseils de leurs prêtres et le refus de ceux-ci, de prêter le serment constitutionnel, contribuèrent à leur faire regretter l'ancien régime.

Les levées d'hommes achevèrent d'exaspérer les paysans, et dès la levée du premier contingent, il y eut des réfractaires qui allèrent se cacher dans les châteaux ou au fond des bois.

Des rixes fréquentes troublèrent les assemblées des bourgs. Les fonctionnaires et les prêtres assermentés furent insultés. Un grand nombre de ces derniers durent quitter le pays.

Deux émissaires, appelés Gavard et Huet, envoyés en 1792 par Ruffin de la Rouërie, avaient fait des prosélytes dans le pays.

Lorsque la conspiration de ce chef fut découverte, les personnes compromises s'allièrent aux rebelles.

Enfin, la loi du 24 février 1793, ordonnant une levée de 300 000 hommes, mit le comble de l'exaspération et jeta l'alarme et l'agitation dans les campagnes. Les jeunes gens de diverses paroisses se réunirent pour se communiquer leurs inquiétudes et prendre une résolution.

Le pays situé à l'est de Vitré comprenant le plus grand nombre de réfractaires, était disposé à se soulever. Le même esprit s'étendait au loin du côté du Maine. Les habitants de cette contrée furent les premiers à s'armer, les uns de fusils, les autres de taille-marcs, de fourches, de brocs, etc. Le dimanche 17 mars 1793, ils se dirigèrent sur Vitré par la route de Laval. La garde nationale alla les attendre avec une pièce à canon à l'extrémité du faubourg. Lorsqu'elle aperçut les insurgés sur la hauteur de la grange, de la Grande Haie, elle tira dans leur direction un coup de canon qui suffit pour les mettre en déroute.

Le lendemain, le 18 mars, l'agitation continua dans les campagnes.

De nouveaux émissaires furent envoyés d'une paroisse à l'autre des deux côtés de la ville. Ceux de la partie occidentale s'armèrent comme ils purent et s'en allèrent au bourg de Taillis. Le presbytère fut l'objet de leur visite, ils le pillèrent et brisèrent tout ce qu'il contenait. Ils s'emparèrent du curé constitutionnel auquel ils firent toutes sortes de misères et qu'ils emmenèrent avec eux au bois de Cornillé, près de la lande d'Isé.

Là, ils rencontrèrent des paysans de Dourdain, de Livré, de la Bouëxière qui étaient à boire et à manger. Ils entrèrent en pourparlers avec ces derniers et semblèrent être d'accord pour ne pas se soumettre à la levée des 300 000 hommes.

Après avoir bu ensemble, les deux bandes ne s'entendirent plus parce que les habitants de Dourdain, de Livré et de la Bouëxière refusèrent de crier : Vive le Roi ! Les plus exaltés de part et d'autre en vinrent aux mains et même échangèrent quelques coups de fusils. Le curé de Taillis profita de la bagarre pour se sauver.

Le 19 mars 1793 de nombreux paysans se réunirent encore une fois sur la lande de Vitré, et, plus ou moins bien armés, se dirigèrent sur la ville par Pont-Billon. La garde nationale ayant été prévenue, se porta au-devant des assaillants jusqu'au pont. Une fusillade assez vive s'engagea, mais elle fut de courte durée parce que les insurgés se sauvèrent.

Néanmoins plusieurs personnes furent grièvement blessées.

Le général Besser, qui se trouvait de passage à Viré, prit part à l'action et poursuivit les fuyards jusqu'au bourg de Balazé.

LA VILLE DE VITRÉ MISE EN ÉTAT DE DÉFENSE

À la fin d'octobre 1793, l'armée vendéenne, sous les ordres du prince de Talmont, arriva à Laval.

Aussitôt que cette nouvelle parvint à Vitré, tous les hommes valides furent requis pour faire des fortifications en terre. En peu de jours, elles s'élevèrent non seulement à l'extrémité des faubourgs, mais encore partout où l'on supposait qu'on pouvait entrer dans la ville. On en fit même de distance en distance, dans les rues des faubourgs.

Après cela, de solides portes furent placées aux quatre ouvertures intérieures, devant lesquelles on dressa de forts talus en terre. La porte Gatesel seule resta libre, mais on y mit une double porte avec une herse tombante.

Toutes les ouvertures des murs de la ville furent fermées, à l'exception des meurtrières. Le haut des murs fut recouvert de sacs remplis de terre en forme de gabions.

Il arriva des troupes des autres villes de Bretagne, des gardes nationaux et des garde-côtes. À un moment, il y eut dans Vitré dix mille hommes armés, ayant à leur disposition quarante pièces de canon.

Les habitants des campagnes, au lieu de venir au secours de la ville, arborèrent le drapeau blanc sur les clochers des bourgs. Beaucoup d'entre-eux, s'entraînant les uns les autres, allèrent rejoindre l'armée vendéenne à Laval, à Ernée et à Fougères. À Châtillon, la maison de M.Hirou, ancien notaire, fut mise à sac.

La bande des frères Cotereaux — dit les Chouans — qui se trouvait du côté de Bourgon et du Bourg-Neuf, fut une des premières à se rendre à Laval.

Dans la soirée du 3 novembre, on apprit qu'une partie de l'armée vendéenne était à Ernée et qu'elle allait très probablement se porter sur Vitré.

Les autorités militaires se réunirent aussitôt en conseil, et il fut décidé que malgré toutes les précautions prises, il n'était pas possible de tenir tête à l'armée vendéenne et qu'il était plus sage de se replier sur Rennes.

Dès le lendemain matin, à quatre heures, les tambours battirent la générale et toutes les troupes, y compris la garde nationale, évacuèrent la place. Il ne resta dans la ville que des femmes et des enfants.

Ce départ précipité fut bien inopportun, attendu que l'armée vendéenne se rendit à Fougères, sans passer par Vitré.

Les prisonniers, au nombre de soixante-quatre, presque tous détenus pour faits politiques, se révoltèrent contre leur geôlier et s'évadèrent le 6 novembre, vers six heures du matin.

Le soir de ce même jour, soixante-douze paysans entrèrent dans la ville, se rendirent sur la place du marché aux bestiaux où se trouvait l'arbre de la liberté qu'ils abattirent. Ils allèrent ensuite à la prison et mirent en liberté, malgré eux, les prisonniers qui, le matin, n'avaient pas voulu imiter leurs codétenus.

Après cela, les paysans se rendirent à la mairie et dans quelques maisons particulières pour s'emparer des armes qui s'y trouvaient, ainsi que de la poudre et des pierres à fusil. Ils s'en allèrent ensuite sans avoir commis aucun pillage, ni maltraité, personne.

M. de Brie et quelques autres personnages, qui avaient quitté l'armée vendéenne à Ernée, se rendirent à Argentré. Là, avec le concours d'un nommé Joseph Mercier, ils purent réunir douze à quinze cents hommes. Cette troupe, une fois formée, s'en alla à Bais — bourg très patriote — où elle désarma tous les habitants et s'empara même d'une couleuvrine.

LES ARMÉES DE MAYENCE ET DU NORD DE PASSAGE À VITRÉ

Au mois de novembre 1793, l'armée dite de Mayence, forte de plus de vingt mille hommes, traversa Vitré et y séjourna.

Le soir de son arrivée, il faisait un temps épouvantable, la pluie tombait à torrent ; les soldats arrivèrent presque toute la nuit, sans ordre, exténués de fatigue, trempés jusqu'aux os. Ils se réfugièrent dans les maisons sur leur passage, les emplissant les une après les autres, s'érigeant en maître, et faisant main basse non seulement sur ce qui leur était nécessaire pour le moment, mais encore sur tout ce qui pouvait leur être utile plus tard. On vit des soldats s'emparer des lits et du pain de leurs officiers qui n'osèrent leur résister.

L'infortunée ville de Vitré ne fut pas heureuse en cette fin de 1793.

Après la défaite au Mans de l'armée vendéenne commandée par le prince Talmont, l'armée du Nord, forte de dix-huit à vingt mille hommes passa à son tour à Vitré, le 25 décembre 1793. Les soldats logèrent encore chez l'habitant. Il faut ajouter, toutefois, que le désordre causé par ces dernières troupes fut un peu moins grand que lors du passage de l'armée de Mayence.

TRIBUNAL RÉVOLUTIONNAIRE ET LA GUILLOTINE À VITRÉ

L'armée vendéenne, en quittant Vitré, se rendit au Mans, où elle fut défaite. De nombreux habitants de Vitré et des environs, ayant suivi ces troupes, revinrent chez eux se cacher, parce qu'ils se savaient compromis.

D'un autre côté, la levée en masse de tous les jeunes gens de dix-huit à vingt-cinq ans, mis le comble à l'exaspération des paysans.

« Autant être tué chez soi, disaient-ils, que d'aller au loin mourir pour la République. »

Le nombre des mécontents augmentait chaque jour ; mais personne ne songeait à organiser des moyens de résistance. Les réunions étaient rares et chacun se cachait isolément comme il le pouvait.

Un nommé Kernef, membre du Conseil général du département, fut envoyé en mission extraordinaire à Vitré pour sévir contre les réfractaires et les agents de la royauté.

On créa un tribunal révolutionnaire et la guillotine fut déclarée en permanence sur la place du marché aux bestiaux.

Les hommes du citoyen Kernef exagérèrent les ordres qu'ils reçurent de leur chef et se conduisirent comme des vandales en brisant et détruisant dans les églises les statues, les tableaux, les orgues et des objets d'art d'une grande valeur. L'église des Augustins à Vitré fut saccagée malgré les observations des républicains. Ces agents parcoururent la campagne avec des troupes et mirent en état d'arrestation tous les suspects. Ces derniers, conduits à Vitré, furent enfermés dans le château de la ville et dans celui du Parc. Ces deux prisons ne suffisant pas, il en fut créé une troisième en dehors de Vitré, près de la porte Gatesel.

La malpropreté des gens de la campagne, entassés les uns sur les autres, occasionna une épidémie parmi les prisonniers. Lorsqu'on approchait des lieux où ils étaient enfermés, on sentait une odeur infecte. Beaucoup de ces malheureux moururent.

Pendant ce temps, le tribunal révolutionnaire fonctionnait et envoyait chaque jour cinq à six condamnés à la guillotine.

Cet état de choses dura depuis le 1er janvier jusqu'à la mi-mars 1794, époque à laquelle une commission philanthropique se forma et fit mettre en liberté ceux des détenus qui n'avaient aucun fait grave à leur charge.

LA DISETTE À VITRÉ

À la fin de 1794 et au commencement de 1795, une grande disette se fit sentir dans toute la France, et notamment à Vitré, où les troubles politiques l'aggravèrent.

Les gens de la campagne n'avaient pas confiance dans les assignats et refusaient de les recevoir en paiement de leur grain ou d'autres denrées. Ils ne faisaient de livraison qu'en raison de leurs besoins, et seulement à leurs amis et connaissances. Pas un sac de grain ne fut apporté au marché de Vitré.

L'administration se vit dans la nécessité de créer des greniers d'abondance. Elle fit faire le recensement des grains chez les particuliers et défendit à ceux-ci d'en vendre à qui que ce fut, sans un bon délivré par la commission des subsistances.

Les personnes qui ne possédaient pas de grains chez elles, ou dont les provisions étaient épuisées, se rendaient à toutes les décades réclamer à la commission les bons nécessaires pour obtenir de petites quantités de grains, de riz, de pois et de pommes de terre.

C'était ce qu'on appelait aller à la décade, et la majeure partie des habitants de Vitré fut forcée de s'y rendre. Des propriétaires aisés se virent réduits à manger du pain de blé noir, des pois et des pommes de terre.

Le fléau devint plus terrible encore parce que les paysans, une fois leurs terres ensemencées, démontèrent leurs charrettes et cachèrent les essieux, de sorte qu'il ne put être apporté aucune provision à la ville.

Cet ordre fut donné aux gens de la campagne par un nommé Cormatin, qui avait pris le commandement des mécontents et des insurgés du pays.

Des détachements républicains s'en allèrent avec des charrettes de la ville pour chercher du grain chez les cultivateurs ; mais ils furent assaillis par les chouans, qui brisèrent les véhicules et répandirent dans les chemins les grains qu'on emmenait. La principale affaire de ce genre eut lieu au château de Boisbide, commune de Pocé, au mois d'avril 1795.

Ce fut aussi vers cette époque que la guerre civile éclata d'une façon inquiétante. Les royalistes n'étaient cependant pas encore organisés, ce qui ne les empêchait pas de parcourir le pays par bandes assez nombreuses.

Des rencontres sérieuses entre les républicains et les chouans eurent lieu dans la lande de Touchenault, au mois de février 1795, et à Louvigné-de-Bais, le 21 mars suivant.

C'est dans cette dernière rencontre que le père Dard, ancien moine récollet de Vitré, alors curé constitutionnel de Torcé, fut tué. Il faisait partie des gardes territoriaux et se trouvait dans les rangs républicains.

ACTE PRÉLIMINAIRE DE PACIFICATION

Le 1er floréal an III (20 avril 1795), fut signé à la Mabilais, près de

Rennes, entre les chefs royalistes et les représentants du peuple en, mission dans les départements de l'Ouest, un acte préliminaire de pacification.

Les royalistes présents à la rédaction de cet acte avaient leur quartier général au château de la Prévalaye, et parmi eux se trouvait le soi-disant baron de Cormatin, l'ennemi acharné de la République.

La nouvelle de la pacification fut publiée en grande pompe à Vitré, et les charrettes des campagnes auxquelles on avait enlevé les essieux reparurent et circulèrent sur les routes et par la ville.

L'acte de la Mabilais fut sanctionné par un décret du 8 floréal (bulletin des lois, 1re série N°1431. L'une des clauses du traité indiquait que les insurgés seraient organisés en chasseurs à pied, par compagnie de paroisses, sans que l'on pût les déplacer, et qu'ils seraient à la solde du Trésor.

Cette organisation eut lieu et M. Busnel (dit le borgne) fut nommé général de ces chasseurs dans le département d'Ille-et-Vilaine, et M. de Saint-Gilles, adjudant général.

Le district de Vitré forma une légion de deux bataillons composés chacun de six compagnies de paroisses.

Louis Hubert fut nommé chef du premier bataillon qui comprenait les paroisses de l'ouest et du sud-est de la ville.

Pierre Rossignol, ancien homme d'affaires des bénédictins de Vitré, eut le commandement du second bataillon qui était formé des paroisses de l'occident et du nord-ouest de la ville.

M. de Pontbriand devint le commandant de cette légion qui présentait un effectif de 700 à 800 hommes.

LA GUERRE CIVILE RECOMMENCE DANS L'ARRONDISSEMENT DE VITRÉ

La guerre civile recommença au mois de mai 1795.

Des rencontres sérieuses entre les gardes nationaux et les chouans eurent lieu à la Renardière, commune de Saint-Jean-sur-Vilaine et le lendemain au bourg de Livré.

Dans les premiers jours de juin le général Humbert, commandant les troupes républicaines de Vitré, accompagné de 1 200 hommes, fit une sortie dans les campagnes. Le 6 juin entre midi et une heure, il rencontra dans les châtaigneraies de Launay, au nord du bourg d'Argentré, le second bataillon de la légion de Vitré. Une vive fusillade s'engagea qui fut entendue de la ville. Un instant, les royalistes reculèrent vers le Moulin-aux-Moines, mais le premier bataillon qui se trouvait au bourg d'Erbrée, les ayant rejoints ils reprirent l'offensive et obligèrent les soldats de la République à se replier. Ceux-ci, de leur côté, reçurent du renfort de Vitré.

M. de Boishir, commandant la légion royaliste du district de Fougères, ayant appris à Saint-M'Hervé, où il se trouvait, le danger que couraient ses amis, vola à leur secours.

Une véritable bataille s'engagea, sans ordre il est vrai, de part et d'autre. Les combattants se virent souvent mêlés sur un espace de terrain considérable, et le général Humbert se trouva même, avec son état-major, un instant séparé de ses troupes. Il put se dégager, et la nuit, seule, mit fin au combat. Le succès qui, à diverses reprises, avait semblé douteux, se décida en faveur des troupes républicaines qui entrèrent à Vitré en bon ordre, emportant en haut de leurs fusils les dépouilles de leurs ennemis.

De nombreux morts restèrent sur le champ de bataille. Les royalistes, notamment, avaient perdu beaucoup de monde près du petit-bois taillis appelé les Plesses, où ils furent refoulés plusieurs fois dans les haies et les fossés.

Il ne fut fait aucun prisonnier. Les habitants relevèrent les blessés et enterrèrent les morts sur le champ de bataille. Quelques familles transportèrent les leurs dans le cimetière d'Argentré.

Ce combat fut l'un des plus importants de cette guerre néfaste.

AMNISTIE LES ROYALISTES RENDENT LES ARMES

À la suite d'une amnistie, les royalistes de l'arrondissement de Vitré rendirent les armes le 17 juin 1796 (29 prairial, an IV), et rentrèrent chez eux. Seuls les principaux chefs, figurant sur la liste des émigrés et qui n'avaient pas été amnistiés, furent obligés de se cacher ou de repasser à l'étranger.

Les royalistes s'emparent d'un fourgon de l'état contenant 500 000 francs

Au mois de juin 1799, M. de Nougaret ayant été informé qu'une somme considérable d'argent, appartenant au gouvernement, était envoyée de Paris à Rennes, résolut de s'en emparer.

Se cachant sous le nom d'Achille le Brun, il recruta 30 à 40 royalistes des environs de Vitré et, tous bien armés, allèrent le 23 juin attendre le fourgon qui, leur avait-on dit, venait de dépasser Vitré. Ils se postèrent en embuscade dans une châtaigneraie située au nord de la route, près de la Besnardière, en deçà de Saint-Jean-sur-Vilaine.

Lorsque le fourgon arriva à leur portée, escorté par des gardes nationaux de Vitré et des gendarmes, le chef des royalistes ordonna à ses hommes de faire feu sur les chevaux conduisant le véhicule. L'escorte fut tellement surprise et effrayée de cette attaque soudaine, en temps de paix, qu'elle ne songea même pas à se défendre et prit la fuite.

M. de Nougaret n'eut aucune peine à s'emparer des 500 000 francs qui se trouvaient dans le fourgon et qui étaient en monnaie d'argent nouvellement frappée.

Aucun homme de l'escorte ne fut blessé.

Voitures publiques attaquées par les chouans

Le 26 juillet 1799, les jeunes gens de Vitré compromis comme royalistes quittèrent la ville et s'en allèrent rejoindre les habitants des campagnes qui se trouvaient dans la même situation qu'eux.

Tous reprirent leur ancienne organisation par bataillons et compagnies de paroisses, sous les ordres de M. de la Nougaret, qui continuait à se faire appeler Achille le Brun.

Bien qu'ils ne fussent armés que de mauvais fusils de chasse et même de bâtons, leur chef les conduisit dès le lendemain en embuscade sur la route de Laval.

Là, ils cernèrent un détachement d'environ 100 hommes de troupe de ligne qui escortait une voiture publique. Les soldats commandés par un sergent, venaient d'être levé et annexés à un régiment. Comme ils n'avaient jamais appris le maniement des armes, les malheureux n'essayèrent même pas de se défendre, et mirent bas les armes. Le sergent tira un seul coup de fusil.

M. de la Nougaret, après s'être emparé de tout ce que contenait la voiture publique, fit servir à boire et à manger aux soldats. Il les garda jusqu'au soir à trinquer avec les paysans.

Les hommes de l'escorte, en état d'ivresse, rentrèrent à Vitré, se tenant deux à deux par le bras, chantant et criant que les royalistes étaient de bons enfants.

Le 3 août suivant, une seconde embuscade de M. de la Nougaret eut lieu au même endroit, et les faits que nous venons de raconter se renouvelèrent.

BATAILLE D'ARGENTRÉ

Le dimanche 4 août 1799, le général Roulan, commandant les troupes républicaines de Vitré, fit une sortie dans les campagnes à la tête d'une colonne de troupes de ligne et de la compagnie de la garde nationale mobile.

Arrivé au bourg d'Argentré, le général plaça des postes et permit à ses hommes de se reposer.

Au même instant le 2e bataillon des royalistes s'approcha du bourg, à l'occident, et un nommé Joseph Mercier, commandant la compagnie de Pocé, vint attaquer les républicains.

Le général Roulan fit battre le rappel et dirigea ses troupes vers le chemin d'où venait l'attaque. Il les fit mettre par pelotons, en colonne serrée, de façon à remplir la largeur du chemin, puis ordonna une charge au pas de course à la baïonnette.

Mercier et ses hommes battirent en retraite jusqu'au détour du chemin, et allèrent se cacher derrière un fossé avec toute la compagnie de Pocé, pendant que le surplus du bataillon royaliste tournait le bourg, vers le nord, sans être aperçu.

Les soldats du général républicain, arrivés près du fossé où était embusquée la compagnie de Pocé, reçurent une décharge à bout portant qui en tua un certain nombre, et un feu bien nourri de la part des royalistes acheva de mettre le désordre dans leurs rangs. Au même instant la seconde partie du bataillon des royalistes ayant traversé les jardins, au nord du bourg, vint les surprendre par derrière et achever leur déroute.

Les malheureux soldats pris ainsi de tous côtés se réfugièrent dans quelques maisons, et notamment dans celle de M. Rochelle où ils cherchèrent à se défendre par les croisées. Mais M. de la Nougaret, qui commandait le premier bataillon des royalistes, arriva par le chemin de la Fauconnerie, entra dans le haut du bourg et mit en déroute complète les soldats républicains qui se sauvèrent par les jardins du côté du midi.

Le général Roulan, pour ne pas être fait prisonnier, se vit obligé d'abandonner son cheval ainsi qu'un sac de cartouches ; les quelques cavaliers qui lui servaient d'escorte firent comme lui et abandonnèrent leurs montures.

M. de la Nougaret voyant les républicains dispersés, lança ses hommes à leur poursuite pour les empêcher de se rallier. Il détacha aussi plusieurs compagnies vers le bourg d'Estrelles et la route de la Guerche, afin de les empêcher de rentrer à Vitré.

Il faut ajouter à la louange de ce royaliste, qu'il défendit à ses hommes de tirer les fuyards, mais leur donna l'ordre de les désarmer.

Très peu de soldats purent rentrer armés. Ceux qui furent découverts dans les maisons du bourg d'Argentré rendirent leurs armes et s'en allèrent tranquillement.

Quant aux blessés, les royalistes allèrent les relever sur le champ de bataille, leur donnèrent les premiers soins, et un détachement, commandé par le lieutenant Lépinay, les conduisit dans des charrettes jusqu'à la barrière de la rue Hellerie à Vitré, où ils furent reçus par le commandant de la place.

LE COMBAT DU BOURG DE GENNES

Le 20 septembre 1799, M. de la Nougaret revenant, avec la légion royaliste de Vitré, de faire une incursion du côté de Pouancé, arriva vers le soir à Gennes.

Ses hommes se logèrent tant dans le bourg que dans les villages voisins. Ils reçurent l'ordre, en cas d'attaque, de se réunir à la Fauconnerie.

M. de la Nougaret et les officiers composant son état-major s'installèrent dans la maison de M. Mouézy.

Un poste de garde, commandé par le sieur Piquet, de la compagnie de Saint-M'Hervé, fut établi dans une maison voisine.

Le lendemain matin, au lever du jour, le citoyen Vallerays, de Châteaugiron, qui, à la tête d'une colonne de 700 à 800 hommes, suivait les chouans depuis deux jours, fit irruption par le haut du bourg et arriva jusqu'au poste sans être vu ni entendu.

Le combat s'engagea aussitôt. Des coups de fusils furent échangés à bout portant. Une fois les armes déchargées, on ne prit pas le temps de les recharger et l'on se battit corps-à-corps à l'arme blanche. Ce fut une véritable boucherie ; comme de part et d'autre on ne voulait pas faire de prisonnier, le sang coula à flots. Vallerays fut effrayé d'un pareil carnage et commença à battre en retraite.

Beaucoup de soldats royalistes réveillés par la fusillade s'étaient sauvés des maisons par les jardins. Ceux logés dans les villages avaient hésité à se rendre à la Fauconnerie, de sorte que la débandade fut complète.

Quarante chouans arrivèrent du château de la Motte au moment où Vallerays battait en retraite. Ils ranimèrent le courage des leurs, rallièrent ceux des villages voisins, et tous se mirent à la poursuite des républicains. Ces derniers, fatigués de la lutte, se sauvèrent à travers champs.

DÉFAITE DES ROYALISTES

Le 11 octobre 1799, les royalistes s'étant postés en embuscade à une lieue de Vitré, entre la Grande-Harge et la Haute-Maison, attaquèrent un détachement de cent soldats qui passait en cet endroit.

La troupe républicaine se défendit avec énergie, mais ces malheureux soldats furent surpris et beaucoup d'entre eux tombèrent morts ou blessés sous une décharge de mousqueterie. Le reste de la troupe perdit courage et se sauva du côté de Ruillé. Des secours furent envoyés de Vitré, mais ils arrivèrent trop tard.

Quelques jours après, M. de la Nougaret ayant appris que la division des royalistes de la Sarthe s'était emparée du Mans, dirigea la légion de Vitré de ce côté et alla jusqu'à Grez-en-Bouère.

Le dimanche 27 octobre, il attaqua Melley sur la route de Laval au Mans. Les républicains de ce bourg se réfugièrent dans l'église, où ils firent une vigoureuse défense. Malheureusement pour eux, un boulet de canon abattit tout un pan de mur qui les abritait. Les chouans voyant cela, allèrent aussitôt chercher des fagots avec l'intention d'y mettre le feu et de rôtir les infortunés habitants de Melley. Force fut à ces derniers de se rendre à discrétion. Les gendarmes qui se trouvaient parmi eux furent fusillés.

M. de la Nougaret put bientôt se convaincre qu'à la guerre, les succès ne sont jamais durables. En effet, le jeudi 31 octobre 1799, il attaqua Saint-Denis-du-Maine sans pouvoir y entrer, et presque aussitôt des forces imposantes arrivèrent de Paris qui le mirent en fuite. Il se dirigea vers Châteaugontier par Saint-Charles et Gennes. De là, il gagna Fromentières en remontant la rive gauche de la Mayenne. Il passa à Saint-Germain et ne tarda pas à être entouré de troupes qui l'acculèrent à la rivière. Il chercha longtemps un bateau sans pouvoir en trouver. Enfin une femme lui procura une petite barque avec laquelle une nuit entière fut employée à transporter les troupes royalistes d'une rive à l'autre.

La débandade devint complète ; tous les hommes de M. de la Nougaret s'éparpillèrent et s'enfuirent par Pertre, Noitié, Courbeville, Montjean, Beaulieu et Saint-Cyr.

Cette défaite fut le prélude de la fin de la guerre civile.

Vers la mi-décembre 1799, des négociations furent entamées entre le général Hédouville et les huit généraux commandant les royalistes des départements de l'ouest.

Une suspension d'armes eut lieu, et la légion des royalistes du district de Vitré fut cantonnée et casernée au bourg de Champeaux. L'état-major alla loger au château de l'Epinay.

Ces négociations furent un instant interrompues, puis, ensuite reprises. Elles eurent lieu à la fin de janvier 1800, au château des Rochers, où M. de la Prévalaye, commandant la division de Rennes, avait établi son quartier général.

Le traité de pacification fut signé le 30 janvier 1800, aux Rochers.

Le général royaliste et les officiers de son état-major partirent aussitôt pour Rennes, et plusieurs d'entre eux se rendirent de cette ville à Paris.

On assurait que Bonaparte leur offrait de servir avec leur grade dans l'armée française.

Tous les chouans du pays rentrèrent tranquillement chez eux dans la première quinzaine de février, et le calme se rétablit peu à peu dans ce pauvre pays qui avait tant souffert de la guerre civile.

Il existe à la mairie de Vitré un registre sur lequel furent transcrites, pendant la révolution, toutes les lettres adressées par l'agent national provisoire près le district de Vitré au comité de sûreté générale.

Ces lettres, que nous publions ici, donnent une idée exacte de la situation de cette partie du département d'Ille-et-Vilaine pendant la tourmente révolutionnaire.

DESTRUCTION DES CABANES DES CHOUANS DANS LA FORET DU PERTRE

Vitré, le 30 frimaire an II

Je ne crois pas devoir vous dissimuler que ce district est en arrière sur l'exécution d'un assez grand nombre de lois ; mais les troubles seuls ont retardé les travaux ; la partie de la guerre a, seule, occupé l'administration depuis plusieurs mois.

Ce fait vous annonce assez la mauvaise disposition d'une partie des habitants de la campagne contre lesquels nous guerroyons depuis le 17 mars.

La loi révolutionnaire établit un agent national dans chaque commune.

Sur 40 que contient ce district, à peine y en a-t-il quatre où l'on puisse trouver des hommes sûrs. Ne suffirait-il pas d'en établir un seulement par canton ? Nous avons des communes où il n'y a plus d'officiers municipaux. La loi qui défend la réélection des corps constitués a empêché d'y pourvoir. D'ailleurs, on ne trouverait pas de citoyens mieux disposés que ceux qui ont été mis en arrestation pour n'avoir pas rempli leurs fonctions. Le laboureur est peu propre à l'administration, dans un pays où le fanatisme tient lieu de toute instruction.

Vitré est entouré de bois remplis de brigands : hier encore on en a tué plus de vingt qui avaient élevé des cabanes dans la forêt du Pertre.

DISTRICT DE VITRÉ

On a saisi dans une de ces cabanes, qui ont été détruites, des papiers très importants que vous adresse le commandant temporaire de cette ville. Si on ne nous donne pas de forces, il nous sera impossible de purger notre territoire qui donne une retraite trop facile à ces scélérats. Il faudrait dans cette ville 1200 hommes de garnison et du grain pour les nourrir.

Avec ce nombre, on pourrait établir des cantonnements dans les lieux les plus suspects et faire rentrer dans l'ordre les habitants des campagnes qui feraient de très fidèles patriotes si on détruisait leurs perfides séducteurs.

OÙ L'ON DEMANDE À ÉCLAIRCIR LES BOIS PAR LE FEU OU LA COGNÉE

Vitré, le 9 nivôse an II

La loi révolutionnaire est actuellement connue de tous les citoyens. Tous en sentent l'utilité, tous s'empressent de l'exécuter.

J'ai également fait publier la loi du 18 frimaire qui enjoint aux cordonniers de travailler exclusivement aux souliers des défenseurs de la patrie. Le Directoire vient d'établir un atelier où l'on a déposé une quantité de cuirs suffisante. J'ai invité les cordonniers à s'y rendre et l'on travaille avec activité.

Des commissaires que j'ai requis font le recensement de tous les cuirs. Les tanneurs sont avertis de continuer leur travail.

J'ai pressé l'exécution de la loi sur l'emprunt forcé et pour la déclaration des armes de calibre.

J'ai également donné des ordres pour faire des recherches de salpêtre dans la commune de Vitré, mais on n'a pas ici d'ouvriers capables d'en faire l'extraction.

La première réquisition n'a pas encore été levée dans ce district. Les habitants fanatisés des campagnes se soulèveraient de nouveau et se rendraient dans les bois où ils ont des chefs qui les attendent.

La garde nationale de cette ville, quelque bien disposée qu'elle soit, n'est pas assez forte pour être maîtresse de notre territoire.

S'il nous arrive des renforts aujourd'hui et demain, nous allons enfin purger notre pays des scélérats qui l'infestent depuis longtemps. Mais pour bien réussir, il faudrait éclaircir les bois par le feu ou par la cognée. Nous ne pouvons, sans y être autorisés, porter la hache dans un bien national. Tous les patriotes attendent de vous, citoyens, cette permission.

Hâtez-vous de prendre un arrêté à cet égard, ou de provoquer un décret qui l'ordonne. Cette mesure est de la plus grande urgence.

Je vous envoie la pétition du comité révolutionnaire de Vitré et de la société républicaine de La Guerche.

Plus d'une fois, le district de Vitré a fait la demande aux représentants du peuple.

LES LETTRES DE NOBLESSE ET DE FÉODALITÉ LIVRÉES AUX FLAMMES

Vitré, le 15 Nivôse an II

Le premier décadi du présent mois, on a célébré dans cette ville, une fête en réjouissance de la prise de Toulon. Tous les citoyens se sont empressés d'y participer. Après les salves d'artillerie et le chant de différents hymnes patriotiques, on l'a terminée en livrant aux flammes les lettres de noblesse et de féodalité déposées au secrétariat du district. La ville a été illuminée toute la nuit.

Nous avons reçu le premier bataillon de la Montagne de la réquisition de la Seine-inférieure qui nous donnera bientôt les motifs de nouvelles réjouissances.

Déjà le ci-devant prince de Talmont est arrêté, et bientôt l'armée se disant catholique, va être anéanti.

On fait un recensement dans les communes suspectes pour connaître les absents ; mais presque tous reconnaissent leur erreur et continuent leurs travaux.

Il a été pris un arrêté et donné un avis relatif aux biens des émigrés.

Cette partie est très arriérée, les commissaires nommés pour l'estimation n'osant se rendre dans la plupart des communes. J'espère que bientôt le territoire sera libre et qu'ils seront à même d'agir. Le produit de ces biens est exactement versé dans la caisse, et leur vente, si elle est un peu tardive, ne sera que plus avantageuse.

Le défaut d'imprimeur met beaucoup de lenteur dans nos opérations.

J'ai écrit à Rennes pour faire imprimer l'adresse en forme de réponse au manifeste des rois ligués ; dès qu'elle me sera parvenue, je la répandrai en profusion.

Je presse tous les jours la rédaction des rôles des contributions de 1792, que les troubles, le service exigé des commis et les déplacements, ont retardé. Je viens de faire nommer un nouveau commis. Si je trouvais quelques citoyens capables d'y travailler, je les inviterais d'y venir ; mais la ville fournit peu de sujets propres au travail. Tous préfèrent les armes.

Ce pays, singulièrement en retard en politique, l'est infiniment davantage sur les matières qui touchent la religion.

On ne s'accommode pas du nouveau calendrier, les fêtes anciennes tiennent encore tous les citoyens dans l'inaction les jours indiqués par les vieux almanachs. Le 9 nivôse se trouvait précisément un de ces jours : il arrivait de la troupe, on devait rendre la voie libre, mais je ne pus trouver d'ouvriers pour enlever le bois qui encombrait un carrefour.

Les boutiques sont fermées ce jour-là comme autrefois et les cérémonies se font avec l'ancien appareil.

SÉQUESTRE DES BIENS DES ÉMIGRÉS

Je vous envoie, citoyens, les réponses du district de Vitré aux 26 questions que vous lui avez faites. Je désire que vous les trouviez satisfaisantes.

Ce que je puis assurer, c'est qu'elles sont de la dernière exactitude.

Ne soyez pas surpris si les lois relatives aux émigrés n'ont pas été plus promptement exécutées.

Depuis le 17 mars (vieux style), nous sommes en guerre avec une partie de nos campagnes.

Tout l'été nous avons eu cinq, six, sept et huit cantonnements à pourvoir de subsistances, d'effets de casernement et à solder.

Dans les mois de brumaire et de frimaire, nous avons trois fois emballé tous les papiers de l'administration, et la première fois, ils ont été quinze jours à Rennes.

Tous ces déplacements, ainsi que les mouvements militaires, ont singulièrement entravé l'administration, surtout dans un pays où le troupier refusait le service, où il n'y avait ni préposé aux subsistances, ni commissaire de guerre. Le directoire du district a été obligé de se charger de toutes ces fonctions, pour que l'armée n'ait pas à se plaindre.

Depuis plus de trois mois, un des administrateurs est continuellement occupé à expédier les feuilles de route des soldats qui rejoignent les armées de l'Ouest, de Valenciennes, de Mayence et du Nord, qui ont successivement passé par notre ville. Nous avons actuellement celle de Cherbourg dont les besoins ont multiplié les réquisitions que nous avons eu à faire aux campagnes.

Dans le présent décadi, on a mis à exécution la loi du 17 frimaire, qui ordonne le séquestre des biens des pères et mères des émigrés. Nous y avons compris les biens des pères et mères des prêtres déportés.

Le comité de surveillance de Vitré vient de nous remettre la liste de ceux qui n'ont pas voulu comparaître à l'appel qu'il a fait, et ils vont être réputés émigrés. On s'occupe actuellement du séquestre de leurs biens.

Le même comité a remis au Directoire, le 23 nivôse, un compte sommaire de ses opérations, et le 25, les procès-verbaux de l'arrestation de deux femmes. Je joins ici les pièces, ainsi que la liste du comité.

RÉPONSES AUX QUESTIONS
POSÉES PARLE COMITÉ DE SURETÉ GÉNÉRALE

Question. — Les autorités constituées sont-elles à la hauteur des circonstances ?

Réponse. — Les autorités constituées se croient à la hauteur des circonstances et feront tous leurs efforts pour hâter le mouvement du gouvernement révolutionnaire. Elles ne négligent l'exécution d'aucune loi ; mais, accablées de travail, elles ne peuvent le faire aussi promptement qu'elles le désireraient.

La surveillance qu'exige un pays couvert de bois, rempli de brigands, les débris de la Vendée réunis aux chouans et au moment de manquer de subsistances, le passage continuel des troupes, l'approvisionnement de la ville et de l'armée, absorbent presque tout leur temps.

Quelques municipalités de campagnes n'agissent pas avec la même activité, les unes faute de connaissances, les autres faute de bonne volonté. Celles-ci sont en état d'arrestation.

Q. — Les lois sur le partage des communaux, sur le maximum, sur les certificats de civisme et sur le brûlement des titres féodaux, ont-elles été exécutées ?

R. — La loi sur le partage des communaux n'est point encore exécutée.

Les communes qui la connaissent bien semblent préférer le pacage commun au partage d'un terrain trop peu productif. Invitées de manifester leur vœu à cet égard, elles ne l'ont pas encore fait.

Les autres lois ont été exécutées.

Q. — Observe-t-on dans nos gardes nationales cette ardeur et ce dévouement qui distinguent si éminemment le peuple français ?

R. — On doit cette justice à la garde nationale de Vitré. Elle s'est montrée en toutes circonstances avec le plus grand courage et la plus grande fermeté.

Nous n'en citerons que deux traits :

Le 15 mars, cent hommes furent requis par le département ; la réquisition ne fut connue qu'à deux heures du matin ; trois heures après, le détachement était parti. Il porta pendant quatre jours et quatre nuits les armes contre des communes révoltées du district de Rennes.

À son retour, il trouva la ville de Vitré entourée de révoltés. Il se joignit aux autres gardes nationaux et aida à repousser trois mille habitants des campagnes qui ne voulaient pas se soumettre à la loi du 24 février.

Dernièrement, deux cent cinquante gardes nationaux de cette ville et cent cinquante de la Guerche entraient dans la forêt du Pertre, découvraient un repaire de brigands qu'ils exterminèrent. Parmi ces derniers, se trouvait l'infâme Puisaie. Le nombre des rebelles n'effraya pas les patriotes qui parcoururent les bois tout le jour avec la même ardeur.

Q. — La levée de la première réquisition s'est-elle faite avec cet élan digne des hommes qui doivent brûler du Saint Amour de la liberté ?

R. — La levée de la première réquisition n'est pas encore faite dans le département. On attend le commissaire nommé pour l'organiser. Les campagnes sont prévenues, mais il en est dans lesquelles on trouverait de fort mauvais défenseurs et pour lesquelles il n'y a d'autre parti à prendre que la translation dans des pays totalement patriotes.

Q. — Le fanatisme exerce-t-il son empire dans quelque partie du district, et dans ce cas, quels sont les auteurs de cette dépravation de l'esprit public ?

R. — Le fanatisme exerce encore son empire. Les uns tiennent aux prêtres réfractaires, les autres, aux prêtres assermentés. C'est un vice de l'éducation que le temps, seul, aidé de la fermeté des patriotes, peut détruire.

Q. — Le mouvement sublime du peuple contre l'usurpation a-t-il trouvé des obstacles à son développement ?

R. — Personne ne s'est élevé formellement contre ceux qui s'efforçaient de détruire les restes de la superstition. La partie éclairée du peuple a vu, sans réclamation, enlever tous les signes extérieurs du culte catholique.

Q. — Comment s'est faite la vente du mobilier et celle des biens des émigrés ?

R. — La vente du mobilier des émigrés s'est fait aussi facilement que toutes les autres ventes. Il n'y a pas encore d'immeubles d'émigrés vendus. Les experts nommés pour en faire l'estimation n'ayant pas opéré à cause des troubles. Ils travaillaient avec activité et, sous peu, les ventes se feront. On s'occupe actuellement des affiches.

L'article 2, de la loi du 3 juin, porte que dans les communes où il n'y a pas de communaux on donnera à chaque père de famille sans propriété un journal de terre. Aucun ne réclame l'avantage qu'offre cette loi, quoi qu'elle ait été plusieurs fois publiée et que dans la plupart des communes, il n'y ait point de communaux. Nous allons la faire publier de nouveau avant de procéder à la vente.

Q. — Existe-t-il des hommes qui aient tenté par l'astuce et la perfidie d'y mettre des obstacles ?

R. — Personne n'a cherché à s'opposer ici à la vente du mobilier ni à l'exécution de la loi qui ordonne la vente du fonds.

Q. — Avez-vous dans votre arrondissement des hommes qui aient voulu discréditer les assignats, gage de la fortune publique, et atténuer nos ressources contre les tyrans ?

R. — On a d'abord eu quelques peines à faire circuler les assignats mais actuellement le commerce n'en souffre pas ; il ne nous est parvenue aucune plainte contre ceux qui auraient eu l'intention de discréditer une monnaie qui a sauvé la République.

Q. — Avez-vous des individus qui aient entretenu des correspondances avec des émigrés, prêtres réfractaires ou autres personnes habitant les pays avec lesquels la République est en guerre ?

R. — Le Comité de surveillance a poursuivi quelques individus soupçonnés de semblables correspondances, mais il n'a pas trouvé de preuves suffisantes pour les condamner.

Q. — Les lettres parviennent-elles directement ou par intermédiaire et, dans les correspondances interceptées, existe-t-il des preuves ou au moins des indices qui puissent faire saisir les fils de la trame pour laquelle on a voulu perdre la liberté publique ?

Ces deux articles exigent des réponses claires et précises.

Adressez au Comité de sûreté générale tout ce que vous pourrez recueillir tendant à découvrir quels sont les ennemis antérieurs qui tendaient les mains aux émigrés, prêtres, réfractaires et aux armées coalisées.

R. — On ne connaît de correspondance saisie que celle qui a été trouvée dans la forêt du Pertre et qui a été envoyée au Comité de Salut public. Elle donne de grands renseignements.

Q. — A-t-il existé ou existe-t-il des accaparements de blés, farines ou autres objets de première nécessité que les ennemis intérieurs ont fait, soit dans le but d'affamer le peuple et de le dégoûter de la liberté, soit pour nourrir les armées contre-révolutionnaires que la scélératesse des conspirateurs voulait faire circuler dans les département ?

R. — On a fait différentes lois de recensement des grains pour couvrir les accaparements et s'assurer de la fidélité des déclarations. On a trouvé chez une vielle femme beaucoup plus de grain qu'elle n'en avait déclaré. Ce grain a été confisqué par la commune de Vitré.

On ne peut se dissimuler que quelques habitants des campagnes ont alimenté les brigands ; mais ceux-ci savaient bien se pourvoir par la force : ils entraient dans les villages et enlevaient les subsistances.

On a saisi une part de cuir qui n'avait pas été déclarée. La commune de Vitré n'a pas encore prononcé sur cette affaire. L'individu est à la maison d'arrêt et, provisoirement, le cuir s'emploie à faire des souliers pour nos défenseurs.

Q. — N'avez-vous pas de preuves, ou tout au moins, de fortes présomptions, que des gens de votre district achetaient dans les foires et marchés, ainsi que chez les différents particuliers, des bœufs et des moutons pour ces différentes armées de brigands ?

R. — Les gens suspects ont été arrêtés, mais on n'a surpris personne achetant des vivres pour les brigands. Ceux-ci se sont pourvus à main armée dans quelques communes où ils ont enlevé les grains et les bestiaux.

Q. — Avez-vous sur votre territoire des traîtres qui aient contrarié ouvertement le vœu national sur les événements des 31 mai et 2 juin ?

R. — Plusieurs individus ont refusé le serment civique. Ceux-là sont à la maison d'arrêt.

Au moment de l'acceptation de la constitution, tous les citoyens, à l'unanimité, donnèrent leur adhésion aux décrets du 31 mai et 2 juin. Le procès-verbal le constate.

Q. — Existe-t-il de ces faux patriotes qui, par l'exagération de leurs principes, venaient en imposer au peuple soit pour obtenir des places, soit pour tout autre motif ?

R. — Nous n'en connaissons pas. S'il en existait, nous les dénonce-rions au Comité de Surveillance et en ferions bonne justice.

L'AGENT NATIONAL PROVISOIRE AU COMITÉ DE SALUT PUBLIC

Vitré, 28 nivôse an II

J'écris aujourd'hui au Comité de Sûreté générale et je lui donne les détails qui semblent le concerner.

Le séjour de l'armée de Cherbourg a effrayé et fait fuir les brigands. Ils se jettent actuellement dans d'autres bois. Guidés, par les anciens contrebandiers, ils évitent facilement la troupe et continuent leurs ravages. Il sera indispensable d'établir des cantonnements qui, correspondant ensemble, assureront la tranquillité du pays ; mais ce qui n'est pas moins urgent, c'est d'éclaircir les bois et d'y pratiquer de larges routes qui rendent les fouilles faciles.

Le gouvernement révolutionnaire s'est établi sans difficulté.

La loi s'exécute à la satisfaction de tous les patriotes et, bientôt, on ne saura plus s'il y a eu deux opinions différentes.

J'en accepte les idées religieuses : le fanatisme conserve encore quelque empire, mais la raison dissipera tous ces nuages et l'exemple des villes persuadera aux campagnes qu'il n'est qu'un moyen d'être heureux, c'est de détruire tous les anciens préjugés et de travailler de concert au maintien de la prospérité de la République.

LIBERTÉ, UNITÉ, ÉGALITÉ

Vitré, 9 pluviôse, an II de la République française, une et indivisible.

L'Agent national provisoire
près le district au Comité de Salut public.

Un commissaire s'est présenté pour la descente des cloches. Il a trouvé en magasin toutes celles du district, à l'exception d'une, conservée dans chaque commune. Presque toutes ces cloches sont rendues à l'arsenal de Rennes, les autres ne tarderont pas à y être transporté.

Deux autres commissaires, envoyés par le représentant du peuple Esnu Lavallée, exécutent en ce moment des mesures révolutionnaires : l'un a pour mission de prendre, de concert avec le district, les moyens les plus prompts pour purger ce territoire du reste des brigands qui, à la faveur des bois, ont échappé aux recherches de la garnison, la mission de l'autre est de réunir toute l'argenterie des églises et d'enlever ces superfluités étrangères au bonheur du peuple.

L'administration a été occupée pendant cette décade :

1° — À mettre le séquestre sur les biens d'un assez grand nombre d'individus dénoncés comme émigrés par le Comité de surveillance ;

2° — À fournir des renseignements aux créanciers des émigrés ;

3° — À faire des réquisitions aux communes pour la subsistance de l'armée. Il a fallu envoyer plusieurs de ces membres pour forcer les habitants des campagnes à donner les grains, avoines et fourrages qu'on leur demandait.

Plus de six cents individus des campagnes sont à la maison d'arrêt ; une commission militaire s'occupe de leur jugement.

Un si grand nombre de détenus a bientôt corrompu l'air et une épidémie s'est déclarée. Il a fallu chercher un local pour les malades. On les transporte actuellement dans une maison au milieu d'un parc qui touche la ville. Ils y seront gardés par cinquante hommes. Il a fallu s'approvisionner de tous les objets de première nécessité, nommer des infirmiers et surveiller cet hôpital.

L'extrême disette que nous éprouvons, la famine qui est prête à nous dévorer, nous ont forcé à faire de nouvelles réquisitions sur les communes qui n'ont pas pour deux mois de subsistances et ont obligé les administrateurs de prendre dans les campagnes pour procurer quelques grains à la ville.

Il est impossible de faire de nouvelles réquisitions, les campagnes sont épuisées. Il est indispensable de réduire la troupe passante aux seules vivres de campagnes, nous le demandons à la commission des subsistances.

On presse les communes d'acquitter leurs contributions ; dès que nous pourrons établir des cantonnements, nous les forcerons bien d'y satisfaire.

Vitré, 20 pluviôse an II

L'Agent national au Comité de Salut public.

On prend des dispositions pour éclaircir la forêt du Pertre. Tous les ouvriers des communes environnantes sont en réquisition. Demain, on mettra des piquets ; après-demain, la hache sera dans le bois. Le citoyen François, représentant du peuple, a conféré au Directoire tous les pouvoirs nécessaires.

Aussitôt, la réception de votre lettre relative au salpêtre, j'en ai fait part à l'administration et l'ai fait inscrire sur les registres.

Depuis longtemps nous recherchons les moyens de nous procurer cette matière précieuse. Aucun ouvrier ne se présentait parce qu'aucun individu du pays n'a les connaissances nécessaires.

Enfin, deux braves citoyens du bataillon de la Montagne de la Seine-Inférieure, en garnison dans cette ville, se sont offerts. Ils ont fait un essai dont je joins ici un échantillon. Aussitôt, nous avons établi un atelier dans une maison d'émigré. La batterie de cuisine du ci-devant prince de Talmont nous procure une quantité suffisante de bassins, et pour cette fois, elle sera utile à la République.

Vitré, 26 pluviôse an II

J'ai été dans la forêt du Pertre avec dix hommes et l'un des conducteurs. Nous avons fixé toutes les brisées et, notamment, les deux principales.

Nous n'avons pas rencontré de brigands qui étaient, cependant, dans la forêt et ont massacré, le soir, deux citoyens de la ville.

Cent ouvriers, soutenus par un détachement que j'ai requis, ont mis la hache dans les bois ; le lendemain, il y en avait 300 et actuellement 500. Le travail avance, mais il va être suspendu si les forces armées nous abandonnent.

Tous les propriétaires ont ordre d'abattre haies, genêts et buissons à cinquante toises des abords de la route.

Les cantonnements rentrent aujourd'hui dans la ville ; la garnison doit partir au premier jour, et il paraît que nous allons être abandonnés à nos propres forces. Si cela était, il ne faudrait plus songer, ni au travail de la forêt, ni à la levée de la première réquisition.

Je te prie de conférer de notre situation avec le citoyen Esnu Lavallée et de pourvoir à notre sûreté.

S'il n'y a pas de cantonnements établis dans toutes les communes suspectes, les jeunes gens de la première réquisition vont se réunir aux chouans et, toutes les communes qui avoisinent le district de Laval vont s'armer contre nous. Il est grand temps d'apporter le remède à un si grand mal et d'ôter aux mal-intentionnés jusqu'à l'idée d'une réunion contraire à la loi.

Nous avons, à combattre leur opposition, à porter les armes et à s'éloigner de leurs foyers. Nous avons, aussi, à lutter contre la famine dont nous sommes menacés. Tu peux juger de notre position.

BIENS NATIONAUX

Vitré, 1er Ventôse an II

La majeure partie des biens nationaux est vendue ; il en reste cependant encore, et avant-hier, il y en avait en première enchère dont l'adjudication définitive est renvoyée à quinzaine.

Le montant des estimations est de 63 773 livres.

Biens des émigrés

Il y avait, hier, des biens d'émigrés en première enchère, mais il ne se présenta personne pour les faire valoir.

Biens des pères et mères des émigrés

La loi, qui ordonne le séquestre, est entièrement exécutée dans la ville ; elle s'exécute en campagne dans tous les lieux où les commissaires peuvent se rendre en sûreté.

On la met, également, en exécution envers les pères et mères des déportés.

Esprit public

Tous, ceux qui réfléchissent sont persuadés des avantages et de la nécessité du Gouvernement républicain ; ils reconnaissent la souveraineté du peuple, et surtout, qu'il n'a fait que rentrer dans ses droits.

Mais cette opinion, qu'inspire la nature et que la justice commande, est encore balancée par le fanatisme. Le peuple ignorant regrette sa croix et sa bannière et confond les principes du gouvernement avec ceux de la religion.

Vitré, 19 ventôse an II

La maison d'arrêt est remplie par continuation.

La Commission militaire révolutionnaire s'occupe, sans cesse, de distinguer les innocents et les coupables. Elle a découvert plusieurs chouans dont elle a fait justice ; mais il ne s'en est trouvé que deux de ce district.

Malgré les précautions prises et le grand nombre d'arrestations faites, le pays est encore rempli de brigands, et tous les jours, on est attaqué sur les routes. Ce sont les débris de l'armée de la Vendée, restée dans nos bois, qui commettent ces désordres.

On vient d'ouvrir la forêt du Pertre. On y a fait des brisées, d'outre en outre, en différents sens. Ce travail considérable a été fait en deux décades ; il n'y a plus maintenant qu'à enlever le bois.

J'avais donné des ordres dans toutes les communes environnantes pour que tous les ouvriers fussent employés à ce travail. Il y en a jusqu'à six cents à la fois.

On a découvert le repaire des brigands de cette forêt. Ce sont des loges et des souterrains, dans lesquels ils cachaient leurs armes et, d'où ils pouvaient se défendre en cas de surprise.

Le district s'occupe maintenant de faire abattre tous les autres bois qui pourraient procurer une retraite à ces scélérats.

Le château de Vitré, qui sert actuellement de prison, n'était pas aménagé pour loger un aussi grand nombre de détenus ; aussi est-il nécessaire d'y faire des travaux considérables.

Vitré, 22 ventôse an II

Les bûcherons sont dans les bois de la Branchette. Dans quelques jours, ils seront dans les bois de Landavran et de Beaufeu.

1er germinal an II

Superfluités

Toutes les superfluités qu'offraient les églises ont disparu : il s'est trouvé 675 marc, 4 onces, 7 gros d'argent ; 5056 kilogrammes de cuivre ordinaire ; 31 394,90 F d'argent monnayé et 9 029,50 F en assignats.

Le tout a été transporté à Rennes.

Biens nationaux

Des biens nationaux estimés 63 872,15 F ont été vendus 75 495,40 F.

Vitré, germinal an II

Malgré la surveillance des corps administratifs et l'activité des bataillons cantonnés, les chouans se montrent avec audace. Ils paraissent souvent sur plusieurs points à la fois.

Voulant ôter aux brigands tout asile et tout espoir, j'ai requis l'arrêté dont je joins ici une expédition. Les bois sont tombés, mais les chouans se réunissent et attaquent nos postes. Ces scélérats ne marchent que la nuit et instruits de nos démarches, ils se portent toujours dans les lieux les moins gardés, pillent et massacrent ce qu'ils rencontrent.

On a parlé de brûler tous les villages pour empêcher qu'il ne s'y forme une nouvelle Vendée. Cette mesure n'est-elle point trop forte ?

N'est-il pas possible de purger ce pays sans avoir recours à ce moyen extrême ? Que l'on multiplie les cantonnements, que la surveillance la plus active et la discipline la plus sévère, soient ordonnés, que l'on punisse les malfaiteurs, que l'on protège les patriotes, que l'on n'aigrisse pas les citoyens par le brigandage, et bientôt, nos ennemis disparaîtront.

S'il était possible de réunir les chouans sur un seul point et de les entourer, il ne faudrait pas hésiter à sacrifier quelques villages, et même quelques communes ; mais chassés de ce pays par le feu, ils se porteront sur un autre qu'il faudra également incendier sans peut-être arriver à un résultat.

Quel avantage la République y trouverait-elle ? De proche en proche, tout se trouverait livré aux flammes.

Vitré, 7 germinal an II

L'agent national du district au président de la Convention.

Les conspirateurs ne se lasseront donc jamais d'ébranler notre ouvrage, de semer la défiance sur nos pas, de tenter de ralentir notre ardeur. Leurs essais infructueux devraient les avoir convaincus que rien ne peut rétrograder un grand peuple qui a reconquis sa liberté.

Tous leurs efforts seront impuissants, j'en jure par la République.

10 germinal an II

La disette augmente tous les jours. La garde nationale de Vitré est presque tout entière en cantonnement ; elle est distribuée sur la route de la Gravelle et à la Gravelle même. La fatigue qu'elle éprouve depuis un mois, bivouaquant sans cesse, prouve assez son courage et son patriotisme.

Les chouans n'osant plus rester dans les environs de la ville, viennent de massacrer quatre citoyens dans une commune qui est à trois lieues. Aussitôt les communes voisines se sont levées, mais les scélérats se sont dispersés et l'on n'a pu les rencontrer.

10 germinal an II

L'agent national au Comité de sûreté générale.

Les commissaires, envoyés par le représentant du peuple Esnu Lavallée, sont occupés à faire des recherches chez quelques individus suspects. Ils ont trouvé, de l'argent, de l'argenterie et des titres de féodalités en fouillant la terre.

Le nombre des détenus au château excède 400. On en amène, tous les jours, qui sont soupçonnés de donner asile ou subsistances aux chouans. La commission révolutionnaire s'occupe avec la plus grande activité de leurs jugements. Mais nous avons la satisfaction de voir qu'il y a peu de coupables dans notre arrondissement ; Ils sont presque tous des districts voisins. On pourrait croire qu'ils ont changé de pays, pour ne pas être reconnu.

15 germinal an II

La levée de la première réquisition se fera difficilement dans chaque commune. Les domestiques des campagnes ne veulent pas se soumettre à la loi. Déjà, beaucoup d'entre eux sont allés grossir les attroupements.

Je dois dire, aussi, que plusieurs ont été entraînés par force et que les brigands les obligent à marcher avec eux. C'est, du moins, la déclaration faite par ceux qui leur ont échappé.

17 germinal an II

Tu as déjà su, sans doute, le malheur qui est arrivé hier sur la route de la Gravelle : la diligence, quoique partie à une heure différente de l'heure ordinaire, a été attaqué par trois cent soixante brigands qui l'attendaient.

Le conducteur et les voyageurs ont été renversés, six sont morts sur la place, le septième est à l'hôpital et n'a plus que quelques instants à vivre. La voiture a été pillée.

20 germinal an II

L'agent national, au comité de Salut public.

Aujourd'hui, vers midi, les chouans, avec un drapeau blanc, sont revenus sur la route de la Gravelle où, il y a quatre jours, ils ont massacré sept voyageurs de la diligence. Ils ont attaqué un poste qui a été obligé de se replier. Une fois réunis au poste voisin, les patriotes ont chassé les rebelles.

Des troupes parties aussitôt de Vitré ont poursuivi les brigands toute la nuit et sont parvenus à en arrêter plusieurs qui avaient encore en leur possession des effets volés dans la diligence.

Ces malfaiteurs se trouvaient dans un bourg où ils forçaient les habitants à leur donner à manger. Plusieurs d'entre eux sont du département de la Vendée.

21 germinal an II

L'agent national, au citoyen François, représentant du peuple.

Nous t'avons exposé, différentes fois, l'affreuse disette que nous éprouvons. Elle augmente tous les jours ; on ignore où prendre la distribution de la prochaine décade.

L'hôpital de cette ville n'offre plus d'asile à ses habitants ; il est rempli de militaires, et ces militaires sont nourris des grains de la ville.

Ne serait-il pas juste qu'ils reçussent à l'hôpital leur ration ordinaire ?

Ce serait un grand soulagement dans la position où nous sommes.

Je te prie d'autoriser le commissaire des guerres à le faire.

Dans tous les cas, il ne me sera pas possible de pourvoir plus longtemps à leur subsistance ni même à celle des autres habitants.

L'agent national, au comité de Salut public.

Tous les titres de féodalité déposés dans les différentes communes ont été apportés au secrétariat du district pour être brûlés le jour de la fête de la prise du port de la Montagne.

Les parchemins sont aux archives du district. Il en reste encore une certaine quantité au château.

Vitré, 24 germinal

L'agent national, au citoyen François, représentant du peuple.

Le général Kléber vient de battre les chouans. Il en a exterminé une centaine et pris autant de fusils. Il se propose de les poursuivre sans repos ni trêve. Les cantonnements sont nombreux et en peu de temps tout le pays sera couvert.

Les communes de Bourgon, de Bourg-Neuf et Saint-Ouen, du district de Laval, sont la pépinière de ces scélérats.

Vitré, 30 germinal

L'agent national, au comité de Salut public.

Sans négliger l'exécution des lois, on s'occupe particulièrement de la destruction des brigands. De grandes forces sont arrivées dans cette ville et dans les environs, et déjà, les scélérats n'osent plus se montrer.

Une perquisition générale nous fera bientôt connaître et leur nombre et leurs moyens.

La première réquisition se lève et il y a un départ de deux cent trente hommes, mais dans quelques communes, la plupart des jeunes gens ont disparu ; un appel général nous fera connaître nos ennemis.

Vitré, le 4 floréal an II

L'agent national, au comité de Sûreté générale.

Le chouans ne paraissent plus : soit qu'ils se cachent dans les bois, soit qu'ils aient fui vers un autre territoire.

Les cantonnements ne les rencontrent pas ; mais comme plusieurs cultivateurs étaient présumés les alimenter volontairement, on arrête tous ceux contre lesquels il y a le moindre soupçon.

Des cartes de sûreté sont distribuées à ceux qui, enrôlés dans la garde nationale, promettent de poursuivre les brigands. Quiconque n'en sera pas muni, sera traité comme rebelle.

La transplantation des habitants de quelques communes me semble de plus en plus nécessaire. C'est le moyen que le district vous a proposé le 28 nivôse ; il faut extirper le fanatisme et empêcher cette gangrène de faire des progrès.

21 floréal

L'agent national, au Comité de Salut public.

Les grandes mesures de sûreté que l'on prend ont suspendu presque tous les travaux de l'administration. Les habitants de neuf communes sont entrés dans la ville ; on en fait l'appel tous les jours, on distingue les innocents des coupables et ceux-ci sont mis en arrestation au château.

Pendant ce temps, les troupes républicaines visitent les campagnes pour en extirper la race maudite des chouans ; déjà, plusieurs ont été rencontrés et exterminés ; il faut espérer qu'avant peu le pays en sera purgé.

La présence des bataillons dans les campagnes ranime un peu les habitants des communes fanatiques qui commencent à reconnaître leur erreur. Réunis dans la ville, ils assistent à la fête de la décade et à la société populaire. Des citoyens prennent soin de les instruire et il faut espérer qu'ils abjureront leurs anciens préjugés.

Heureusement, sur quarante communes, il n'y en a que neuf contre lesquelles il a fallu prendre cette mesure. Ce sont les communes limitrophes de l'ancien pays de gabelle où l'on ne vivait que de fraude et de brigandage.

Dans toutes les autres communes du district, le nombre des bons citoyens dépasse celui des douteux ; il en est même où l'on ne compte pas un aristocrate.

Vitré, le 11 floréal an II

Les administrateurs du district au citoyen François
représentant du peuple.

Nous t'attendons de jour en jour ; mais il paraît que les intérêts de la République te retiennent à Laval. Cependant, dans les circonstances où nous sommes, la présence d'un représentant du peuple est ici bien nécessaire.

Nous t'invitons au nom de la Patrie à venir en cette ville le plus tôt possible.

Les mesures que l'on a prises exigent de grandes précautions et personne n'est plus propre que toi à en retirer tout le fruit qu'on a lieu d'en attendre. Il faut électriser les communes fanatiques qui sont réunies dans la ville, leur inspirer, l'amour de la patrie, l'attachement aux lois, la haine des tyrans et le mépris de tous les objets de leurs superstitions.

Viens déployer à leurs yeux, la dignité de la représentation nationale, l'importance de ta mission, la nécessité d'effacer tous les préjugés, la gloire et les avantages de la République.

Si le représentant Esnue Lavallée est de retour, il ne refusera pas de t'accompagner, nous l'en invitons également.

Vos personnes gagneront les cœurs et feront plus d'amis à la République que la force qu'on est obligé de déployer contre les coupables.

14 floréal an II

Les administrateurs du district,
au républicain Jambon Saint-André, représentant du peuple.

J'ai reçu le décret du 23 nivôse dont tu m'as adressé quatre cents exemplaires. Je les ai répandus dans tout l'arrondissement. Il est bien difficile, en ce moment, de le mettre à exécution. Les mesures de sûreté, que l'on est obligé de prendre, empêchent toutes les autres mesures.

Les habitants de neuf communes sont réunis en notre ville et ne peuvent s'occuper de la culture de leurs terres. Dans les autres communes, on y travaille avec activité.

16 floréal

Les administrateurs du district, au Comité de Salut public.

Vous verrez, par l'état ci-joint, que le district de Vitré a envoyé à l'arsenal de Rennes 5 578 livres de cuivre, 44 869 livres de cloches, 6 376 livres de plomb, 680 livres de fer. Il y a, en outre, au même arsenal, trois cloches qu'on n'a pu peser, à raison de leur grosseur et qui ne sont pas rompues. Enfin, il me reste encore quelques cloches à envoyer et que les charrois militaires ne m'ont pas permis de faire jusqu'à ce moment. J'ai, de plus, envoyé à Brest, au magasin de la Marine, 1 819 livres de plomb.

Vitré, le 17 floréal an II

Les administrateurs du district, au Comité de Sûreté générale.

Les habitants de neuf communes suspectes ayant été sommés de rentrer en ville, on en fait l'épuration. Il en est résulté un grand nombre d'arrestations, et le ci-devant château est rempli de détenus : les uns, parce que leurs enfants sujets à la première réquisition ne se sont pas présenté ; les autres, parce qu'il y a eu soupçons et des déclarations contre eux. D'autres, enfin, ont été amenés, par la force armée, et enfermés militairement.

La ville sert, depuis onze jours, de maison d'arrêt à tous les autres habitants de ces communes contre lesquels il n'y a pas de soupçon.

On fouille, pendant ce temps, la campagne, mais on ne rencontre pas les brigands, qui sont sans doute allés dans des lieux moins surveillés.

J'apprends, en effet, qu'ils ont paru dans les environs de Rennes. On dit qu'ils sont, actuellement, dans la forêt de Paimpont.

19 floréal

Les administrateurs du district, au Comité de Salut public.

Je n'ai jamais dissimulé que le fanatisme exerçait encore son infernal empire dans le pays ; mais ce que je ne dois pas manquer de vous apprendre, c'est que dans le plus grand nombre des communes, il est sans force, et qu'il y en a même plusieurs dans lesquelles les femmes ont eu le courage de prendre les armes et poursuivre les chouans. C'est un fait dont les militaires sont dans le cas de rendre témoignage. On fouille les campagnes et l'on n'épargne personne.

Un combat a été livré, hier, dans la commune de Liffré. Les brigands ont été battus complètement. Les fuyards ont été arrêtés et l'on ne tardera pas à en faire justice. C'est à la suite de cette affaire que les femmes de la Bouëxière ont pris les armes pour poursuivre les fuyards.

Le titulaire de l'office des consignations en ville, et dans toute l'étendue du district, était le ci-devant duc de la Trémouille, dont tous les biens sont sous la main de la Nation. Son agent était le nommé Girard, détenu à la maison d'arrêt de Rennes, et déjà en arrestation lorsque cette loi est parvenue dans le district. Les scellés sont sur ses papiers et sur son cabinet.

Vitré, 24 floréal an II

L'agent national du district aux représentants du peuple,
Membre du Comité de sûreté générale.

Je vous envoie le travail du Comité de surveillance de Vitré pendant la seconde décade du présent mois.

Vous y verrez un certain nombre d'arrestations ; on est obligé d'en faire tous les jours. La maison d'arrêt en contient plus de mille et il n'y a point de tribunal pour les juger, la commission révolutionnaire étant suspendue par la loi du 19 floréal. Il y en a plusieurs contre lesquels il n'y a pas de soupçons ; il en est d'autres qui sont coupables de rébellion, qui ont été pris les armes à la main ou qui sont convaincus d'avoir favorisé les brigands.

Depuis deux décades que les habitants de neuf communes sont enfermés dans cette ville, on en voit plusieurs qui assistent à la société populaire et à la fête de la décade. Il en est même qui témoignent le plus grand regret de leur ancienne tiédeur ; mais il en est aussi dont on ne pourra jamais faire des républicains et qu'il est nécessaire, dans l'intérêt du public, d'éloigner du pays.

Je ne dois pas vous dissimuler que la conduite de quelques bataillons contribue à révolter les populations. On a enlevé à des habitants paisibles et amis de l'ordre, tous leurs effets et, même, leurs provisions de bouche. On prend les bestiaux, on écoule les étangs et les rivières pour en avoir le poisson ; on foule les grains et on les fait manger aux chevaux.

J'apprends même que quelques cultivateurs munis de passeports et de cartes de sûreté ont été fusillés en labourant leurs terres.

Il ne doit point y avoir de quartier pour les brigands, mais il faut protéger et défendre ceux qui se sont soumis aux lois et ne désirent que le triomphe de la République.

30 floréal an II

Le district a reçu, avec la plus grande joie, les lois du 18 floréal relatives à l'établissement des fêtes nationales, et celle, relative aux secours que la bienfaisance nationale va faire distribuer aux cultivateurs et artisans vieillards ou infirmes, ainsi qu'aux mères et aux veuves indigentes. On va leur donner la plus prompte exécution.

On rappelle encore aujourd'hui la lecture à faire de la loi du 13 septembre dernier (vieux style), qui accorde à chaque père de famille, sans propriété, une portion des biens d'émigrés de la valeur de cinq cents francs.

Nous ne négligeons pas cet excellent moyen d'attacher les cultivateurs à leur patrie s'ils témoignent le désir de jouir de cet avantage.

Le citoyen François, représentant du peuple, a épuré le 25 les autorités constituées de cette ville.

Les administrateurs sont les citoyens Loichon père, Hevin, Jamen, Billon et Jean-Marie Rubin, agent national.

Esprit public

On est ici trop lent, je pourrais même dire trop égoïste, pour que l'on s'aperçoive de la différence dans les opinions d'une décade à l'autre.

Cependant, il me semble que le fanatisme décroît ; le nombre des assistants à la fête augmente. Dans les campagnes, cette fête se célèbre exactement.

Vitré, 8 prairial an II

L'agent national du district au Comité de Sûreté générale.

La chasse donnée aux chouans nous a tous occupés pendant la présente décade. Les habitants des campagnes, retenus dans la ville, ont tous marché. Il a fallu, à leur retour, leur délivrer des cartes de sûreté et leur faire sentir la nécessité d'observer rigoureusement les lois. Ils se sont tous bien montrés dans cette course, les chefs de la force armée en ont été très satisfaits. On a lieu d'espérer actuellement qu'ils ne souffriront plus de brigands sur leur territoire.

Il paraît que les restes de la Vendée sont entièrement chopés. Cependant, il ne serait pas encore prudent de lever les cantonnements. Si les troupes étaient retirées, il y aurait à craindre de nouveaux troubles. Les chouans qui ne se sont qu'éloignés et dispersés pourraient reparaître et s'établir de nouveau dans un pays aussi couvert que celui-ci, dès que les récoltes leur permettraient de se cacher.

Je croirais également sage d'enlever les grains aussitôt la récolte faite et de ne laisser dans chaque maison que le nécessaire. Encore pourrait-on obliger les familles nombreuses à déposer leur provision au chef-lieu du district ou du canton.

Cette mesure de précaution ne contrarierait nullement les habitants ; mais ce qui les décourage, ce sont les pillages continuels de la troupe.

Vitré, 15 prairial an II

L'agent national au Comité de Sûreté générale.

Je ne dois pas vous laisser ignorer un acte de despotisme militaire qui fera connaître la manière dont on se conduit dans ce pays, et les moyens que l'on prend pour exaspérer les habitants des campagnes et les porter aux derniers excès. C'est une déclaration des gardes nationaux du poste de Saint-Jean sur-Vilaine, qui atteste que cinq citoyens de la première réquisition, qui ne demandaient qu'à servir la République, ont été fusillés par ordre du général Vachot.

Ce jour, encore, on vient de faire fusiller, au bas du bourg d'Argentré, à deux petites lieues de cette ville, un vieillard avec ses deux filles. Ils étaient sans armes et avaient seulement quelques livres de pain qu'ils portaient chez eux. On a cru qu'ils le destinaient aux chouans, bien que ces brigands ne paraissent plus depuis quelque temps. Au lieu de les arrêter et de les conduire à la maison d'arrêt pour que le tribunal révolutionnaire se prononce sur leur sort, on a jugé et agi militairement.

Je suis loin de prendre le parti de cet homme fusillé avec ses deux filles, car il n'était pas sans reproche. Il avait deux fils sujets à la première réquisition et qui n'ont pas paru. Mais cette manière de se faire justice nous aliène l'esprit des campagnes. En détruisant un grand nombre de laboureurs, on rend sans effet tous les moyens que l'on prend pour en faire des républicains.

LA CHOUANNERIE
EN ILLE-ET-VILAINE

LA GUILLOTINE À RENNES

En 1793, la guillotine était en permanence à Rennes sur la place d'Armes, appelée de nos jours place de l'hôtel de ville.

En voici la preuve :

Un jugement du tribunal criminel de Rennes, du 25 mars 1793, condamne «Jules Échelard, de la paroisse de Gévezé, à la peine de mort, comme convaincu d'assassinat par suite d'attroupement à main armée et avec sédition en la personne du citoyen Pierre-Georges Moreau, curé de Parthenay. »

Ce jugement ordonne en outre «que l'exécution sera faite dans les 24 heures, sur la place d'Armes de cette ville, où l'échafaud et l'instrument de supplice seront en permanence jusqu'à ce qu'il en soit autrement statué ».

Signé : «Bouaissier, président ; Blot, Le Baron et Turin, juges. »

Leperdit, maire de Rennes, affligé d'avoir sous les yeux l'affreux spectacle des exécutions et de voir le sang des suppliciés former des mares devant la mairie, s'en alla trouver Carrier, pour lui dire que l'échafaud serait mieux sur la place de l'Egalité, (actuellement place du Palais), dressé au-dessus d'un soupirail dans lequel le sang pourrait couler et disparaître. Il obtint ce qu'il désirait.

Une fois installée sur la place de l'Egalité, la guillotine fonctionna tous les jours, excepté cependant les jours de décades.

Les malheureux condamnés, les mains attachées derrière le dos, étaient amenés au pied de l'échafaud comme des moutons que l'on conduit à l'abattoir. Émigrés, suspects, prêtres, religieuses, réfractaires et chouans arrivaient à la suite les uns des autres. Leur nombre était considérable, puisque l'histoire nous apprend que 377 têtes tombèrent dans l'espace de vendémiaire an II à thermidor (chute de Robespierre).

Par suite d'une contestation entre le citoyen chargé des sépultures et ses aides, les corps des suppliciés restèrent nus quatre jours entiers au pied de la guillotine. (Registre des délibérations du 25 ventôse an II).

LE SOLDAT DE VERN

Un jour, on vit arriver au pied de la guillotine, au milieu de vieillards et de femmes, un beau jeune gars de dix-huit ans, qui semblait regretter de mourir si tôt.

Un racoleur qui l'examinait depuis un instant s'approcha et lui dit :

— Consentirais-tu à servir dans l'armée républicaine ?

— Bien volontiers, attendu que j'ai servi parmi les chouans, c'était bien malgré moi.

— Comment t'appelles-tu ?

— Aubry.

— D'où es-tu ?

— De Vern.

Le racoleur s'empressa de remplir, séance tenante, un imprimé qu'il avait sur lui et le remit au jeune homme.

— Voici ta feuille de route. Tu vas partir à l'instant pour Saint-Malo.

Le condamné ne se le fit pas dire deux fois et s'empressa de décamper.

Voici son histoire :

Aubry remplissait les doubles fonctions de sacristain et de chantre à l'église de Vern, lorsqu'il fut surpris dans la campagne par des chouans qui occupaient les bois de Seuves dans cette paroisse.

Ceux-ci s'emparèrent du jeune homme et l'obligèrent à faire le coup de feu avec eux. Aubry les suivit à regret, et quelque temps après fut fait prisonnier par les bleus et condamné à être guillotiné.

Nous avons vu comment il avait échappé à la mort, et nous avons assisté à son départ pour Saint-Malo.

Le jeune soldat se conduisit bravement. Il assista à une partie des batailles de la République et de l'Empire ; il était sergent-major lorsqu'il fut grièvement blessé à Marengo.

Il revint à Rennes et entra dans l'administration municipale. Il est mort receveur des octrois de cette ville.

LE MARIAGE DE M. ET MME BOBÉ

Un couvent de religieux, de l'ordre de Saint-Augustin, existait jadis à Rennes, sur les bords de la rivière d'Ille, et avait pour chapelle l'église actuelle de Saint-Étienne.

L'un des religieux, appelé Bobé, fut condamné à mort et conduit sur la place de l'Egalité, au pied de la guillotine, pour être exécuté.

C'était un petit jeune homme, intelligent, bien portant. Venait derrière lui, près de l'échafaud, une religieuse calvairienne, assez jolie, qui devait, elle aussi, être guilloté.

Un commissaire du gouvernement passa juste au moment où on allait les exécuter, et il lui vint à l'idée de s'amuser en leur sauvant la vie.

Il s'avança vers les condamnés, et dit au moine :

— Citoyen Bobé, consens-tu à prendre cette religieuse pour femme ?

— Oui, citoyen, si elle y consent.

— Et toi, citoyenne, acceptes-tu ?

La religieuse baissa les yeux en rougissant.

Il les fit conduire à l'hôtel de ville, où on les maria, séance tenante.

Les nouveaux époux allèrent habiter le carrefour Jouault, et M. Bobé ne tarda pas à entrer dans les contributions indirectes. Il devint contrôleur de cette administration.

LES COCARDES DE MME LA MAIRESSE DE CHANTEPIE

M. et Mme Decombe, à l'époque de la Révolution, quittèrent Rennes pour aller, habiter Chantepie afin d'y vivre tranquilles, et de jouir, au milieu d'un beau et grand jardin, d'une aisance honorablement gagnée.

M. Decombe, qui était un homme aimable et instruit, se vit bientôt, presque malgré lui, élevé à la dignité de maire de la commune.

Sa femme, excellente musicienne, reçut un jour la visite du curé de Vern, qui venait l'entretenir de ses ennuis et de lui raconter que son vicaire, qui jouait de l'épinette à la grand-messe et aux vêpres, s'était compromis dans des conspirations et avait été obligé de pendre la fuite :

« Songez donc, Madame, ajouta le vieillard, que je n'ai personne pour le remplacer. J'ai songé à vous, si pieuse, si bonne, et qui avez deux frères dans les ordres religieux, pour vouloir bien tenir l'épinette de l'église de Vern le dimanche et les jours de fête. »

Mme Decombe se fit bien tirer l'oreille, prétextant que son mari et elle avaient quitté Rennes pour vivre en paix, qu'il pourrait lui arriver des désagréments si elle acceptait, que d'un autre côté, les chemins n'étaient pas sûrs, et qu'il était bien difficile à une femme, de parcourir, seule, une longue distance tous les dimanches, matin et soir.

Le curé paraissait si malheureux, et insista tant, que Mme Decombe accepta.

« Les royalistes, ajouta le curé, sachant que vous venez jouer de l'épinette à l'église, ne vous diront rien, ça j'en réponds ; et quant aux républicains, votre mari étant maire, vous délivrera un certificat de civisme, et vous mettrez des cocardes tricolores à votre chapeau. »

C'est ce qui eut lieu ; et jusqu'au moment de la Terreur, époque à laquelle les églises furent fermées, la mairesse de Chantepie, alla jouer de l'épinette, tous les dimanches, à l'église de Vern.

Les cocardes tricolores avaient été précieusement conservées par son petit-fils Lucien Decombe, conservateur du Musée archéologique de Rennes ; mais depuis la mort de ce dernier que sont-elles devenues ?

LE COMMISSIONNAIRE DE MAURE

À propos de cocardes, M. de Lavigne, maire de Loutehel et conseiller général du canton de Maure, nous fit jadis cadeau d'un portefeuille contenant deux cocardes blanches ayant appartenu, en l'an III de la République, à un chouan qui exerçait le métier de commissionnaire de Maure à Rennes.

Cet homme — appelé Jean Lemoine — arborait la cocarde blanche lorsqu'il était au milieu des siens et si, par hasard, il rencontrait les bleus, il s'empressait de faire disparaître sa cocarde et exhibait un passeport que nous possédons.

Ce passeport surmonté d'un bonnet phrygien est ainsi libellé :

VIVE LA RÉPUBLIQUE
Commune de Maure
Liberté Égalité
Sûreté Unité

Passeport de la commune de Maure, département d'Ille-et-Vilaine, district de Redon N° 21.

« Laissez librement passer le nommé Jean Lemoine, laboureur, demeurant au Boulay en cette commune de Maure, natif de cette commune, âgé de 28 ans, taille de 5 pieds 2 pouces, cheveux et sourcils bruns, front moïen, yeux roux, nez et bouche moïenne, menton rond, barbe châtain, visage rond, prestée luy aide et assistance en cas de besoin et promettons réciprocité pour aller à Rennes et autres lieux de la République. »

Délivré à la Maison commune de Maure le 16 prairial, 3e année républicaine.

Signé : Maudet, maire ;

Langlais, officier municipal ; Guimart, secrétaire.

LE MAIRE DE VERN ET SON CURÉ

Bien que le maire de Vern fut zélé patriote, il protégea et sauva la vie, bien des fois, à M. Toussaint Hillion, curé de cette paroisse.

Ce dernier était d'ailleurs un saint homme, et des très estimé.

Le maire le cachait souvent chez lui.

Lorsque les soldats ou les gendarmes venaient dire au magistrat :

— Nous savons que M. Hillion est caché dans tel village,

Il leur répondait :

— Mes amis, nous allons aller ensemble nous emparer de ce scélérat, et cette fois nous ne le manquerons pas, soyez-en certains, mais auparavant vous allez boire un verre de vin.

La servante du maire, qui avait tout entendu, allait, sur un signe de son maître, prévenir le prêtre, qui se sauvait bien vite dans un autre endroit.

Un jour que ce dernier s'était réfugié derrière une barge de fagots, il fut aperçu par un mauvais sujet qui alla aussitôt prévenir les gendarmes.

Quand ceux-ci arrivèrent près de l'infortuné prêtre, le maire qui les accompagnait, s'écria : « Je le vois là-bas qui se sauve à travers champs, poursuivez-le pendant que je vais faire bonne garde ici ».

En l'absence des gendarmes, il le fit sortir de sa cachette et l'emmena chez lui.

M. Hillion, conseillé par des amis, qui ne trouvaient plus sa vie en sûreté, passa à l'étranger et ne revint en France qu'en 1803.

Il est mort à Rennes, curé de Saint-Hélier, en 1811.

Le citoyen Poirier dans une barrique

Il existait au village de Chantrinquant, dans la paroisse de Bais, un fermier du nom de Poirier, qui passait pour un pataud, et qui était l'objet de toutes sortes de vexations de la part des chouans.

Un jour que ceux-ci étaient réunis au nombre de 1000 à 1200, armés les uns de mauvais fusils, les autres de faux, de fourches, de bâtons, ils résolurent d'aller assiéger la demeure de Poirier. Ils avaient à leur tête le marquis de Piré.

Le fermier en fut informé. Il barricada tout chez lui et se réfugia dans une barrique, plaçant devant lui la tuile à galettes, large et épaisse plaque de fer, qui le préserva des projectiles.

Armé d'un fusil, il tira quatre coups sur les assaillants et en tua quatre.

Le bruit des armes à feu donna l'alarme, le tocsin sonna et les gardes territoriaux arrivèrent au secours de Poirier.

Les gardes territoriaux étaient la terreur des royalistes pour la raison qu'ils ne faisaient pas de prisonniers et fusillaient les blancs chaque fois qu'ils s'en emparaient. Ils étaient habillés de bleu et avaient comme armes d'assez bons mousquetons.

Un combat eut lieu dans la cour de la ferme, mais les chouans lâchèrent pied, abandonnant leur commandant qui ne dut son salut qu'à sa bravoure.

Le marquis de Piré fut elle tellement indigné de se voir abandonné qu'il donna sa démission, se rallia plus tard à l'Empire, et devint général dans les armées de Napoléon Ier.

CARRIER ET LEPERDIT

En septembre 1793, le farouche proconsul Carrier était à Rennes.

Il nomma lui-même le citoyen Elias en qualité de maire de cette ville, et quatorze officiers municipaux parmi lesquels figurait Leperdit, qui lui avait été désigné par l'opinion populaire la plus avancée.

L'inauguration de la nouvelle administration eut lieu le 20 septembre 1793.

Leperdit avait, dans le service municipal, l'attribution spéciale des prisons et du casernement. Il ne comprenait pas que l'on maltraitât de pauvres gens qui souvent étaient innocents, et il ferma les yeux sur des évasions qui étaient rendues faciles par le mauvais état des prisons.

Carrier, furieux, ordonna à Leperdit de serrer de plus près les prisonniers, notamment les émigrés et les prêtres.

— Je ne puis, dit l'officier municipal, les traiter comme des condamnés.

— Ces gens-là sont des hors-la-loi.

— Ils ne sont pas hors l'humanité ! répondit l'honnête citoyen.

Des hospitalières de l'Hôtel-Dieu soupçonnées de connivence avec les chouans, avaient été incarcérées à la Tour-le-Bat, rue Saint-François. Leperdit, en faisant son inspection, les trouva en prison et s'écria :

« Que faites-vous ici ? Votre place est près des malades, retournez-y promptement ».

Il ordonna au geôlier d'ouvrir les portes et reconduisit les religieuses jusqu'à l'hôpital.

Carrier n'était pas dupe de cette humanité, il eut volontiers sévi contre Leperdit, mais le tailleur était populaire, et le frapper eût été une mesure imprudente.

Pour le compromettre, Carrier prit, le 1er octobre 1793, un arrêté rendant responsable des évasions qui pourraient se produire, les autorités qui s'en seraient rendu complices. Il ordonna en outre de faire préparer dans le délai de deux jours — chose impossible — une prison à dix lieues de Rennes pour enfermer tous les suspects.

Le 4 ventôse an II, le citoyen Elias fit destituer de ses fonctions le maire de Rennes et remplacer par Leperdit.

Le presbytère de Saint-Germain, à Rennes, est l'ancien hôtel de Christophe Fouquet, seigneur de Chalain, président au Parlement de Bretagne. Cette habitation s'appela plus tard hôtel de Montluc et, pendant la Révolution, hôtel de la Montagne. Carrier y résida.

Le vénérable abbé M. Tiercelin, aumônier des prisons, qui avait connu Leperdit, montrait à ceux qui allaient le voir au presbytère de Saint-Germain où il résidait, la salle, dans laquelle, une discussion très vive avait eu lieu entre le maire de Rennes et le proconsul Carrier.

Il racontait cette scène de la façon suivante :

— Carrier aurait dit à Leperdit :

« Si tu ne m'obéis pas, je te fais guillotiner ».

— Leperdit lui aurait répondu avec le calme qui le caractérisait :

« Si demain matin tu es encore ici, je te fais arrêter. »

Le lendemain, Carrier avait quitté Rennes.

Le syndicat de la Presse bretonne décida, en 1892, d'ériger un monument à la mémoire de Leperdit, et une exposition rétrospective des objets de la Révolution eut lieu à cet effet.

Cette exposition me valut la lettre suivante — véritable page d'histoire — qui me fut adressée par M. de la Morvonnais dont le grand-père avait été sauvé, grâce aux dispositions prises par le maire de Rennes :

À Monsieur le Président du Syndicat de la Presse bretonne.

Monsieur Orain,

« Je suis de ceux qui vous doivent, à vous et à vos collègues du musée Leperdit dont j'ai été un visiteur assidu, des remerciements bien sincères pour avoir remis en lumière aux yeux de la population rennaise, la figure et le caractère ferme de l'ancien maire de Rennes en face du farouche proconsul Carrier, venu pour en accélérer les proscriptions, comme à Nantes.

« Vous avez, avec une entière impartialité, mis dans la collection du Palais des Sciences l'écharpe tricolore de Leperdit à côté de l'écharpe étoilée de Cathelineau, et, dans les concerts qui s'y sont succédé, la musique du XVIIIe siècle et ses instruments, le clavecin, la harpe et la viole d'amour, à côté de notre musique actuelle et des instruments d'aujourd'hui.

«Mais ce qui intéressait quelques chercheurs, c'était l'exposition des jugements au tribunal criminel, envoyant à l'échafaud des prêtres ou autres, accusés d'être réfractaires à la loi révolutionnaire ou accusés d'avoir entretenu des relations avec les émigrés.

«Parmi les jugements mis sous les yeux du public, le plus important est celui du citoyen Baude Vieux-Ville, ci-devant marquis de Châteauneuf, condamné à mort et exécuté ensuite sur la place du Palais et, au même jugement, la relaxe provisoire de la citoyenne Baude, sa sœur, femme Talhouet-Bonamour et du citoyen Jacques-Michel Morvonnais aîné, accusés, également, d'avoir prêté 82 000 francs aux fils du citoyen Baude Vieux-Ville, servant à l'émigration dans le corps de M. de la Châtre.

«Il paraissait évident, d'une lettre interceptée annonçant l'envoi d'une somme de 1 000 livres sterling 10 000 marcs, à MM. de la Vieux-Ville et de Ponthual, qu'elle émanait de leur père; mais quant à celle de 82 000 francs par la citoyenne Talhouet, et le citoyen Jacques-Michel Morvonnais aîné, la preuve n'en put être faite.

«Madame de Talhouet ne fut plus inquiétée et a figuré plus tard comme première dame d'honneur à la cour de Napoléon Ier.

«Quant au citoyen Jacques Michel Morvonnais, n'ayant pas cru pouvoir accepter la présidence du district de Port-Malo, il fut de nouveau incarcéré et compris dans le dernier convoi d'accusés qui, grâce à Leperdit, fut dirigé par la Normandie sur Paris, où il arriva trois jours après le 9 thermidor, c'est-à-dire après la mort de Robespierre.

Dans ce convoi figuraient seize accusés, bourgeois, gentilshommes et autres. «Ils apprirent, en sortant de Vire, la chute de Robespierre, par M. Toullier, atteint par la loi des otages, spéciale à la Bretagne, qu'il venait de quitter.

«Cette loi des otages est oubliée aujourd'hui et avait pour but d'arrêter les citoyens soupçonnés de relations avec les ennemis de la République. Or le citoyen Toullier et la citoyenne Gervaisais, ci-devant marquise de la Gervaisais, avaient cru devoir racheter le château de Laillé, appartenant à la famille Labourdonnais-Montluc et aujourd'hui à la famille Récipon.

«La citoyenne Gervaisais était seule en nom, mais M. Toullier était engagé solidaire, car j'ai pu lire, avant que les vandales aient passé par sa demeure, la lettre comminatoire du commissaire du district de Bain, commençant ainsi : « Citoyen Toullier, la citoyenne Gervaisais ne se hâte pas de payer, etc. »

« Un mot sur la mort du marquis de la Vieux-Ville : M. Baude, d'une riche famille de négociants de Saint-Malo, où son hôtel existe, a été payé en piastres du Brésil, part de prise de Rio-Janeiro par Duguay-Trouin, avait acheté le marquisat de Châteauneuf et, plus tard, même, celui de Coëtquen, dont la famille s'était éteint par le mariage de la dernière des Coëtquen avec un Duras, gouverneur de Saint-Malo.

« Le marquis de Châteauneuf qui avait servi vaillamment à la tête de sa compagnie, monta résolument à l'échafaud et, comme on le priait de tirer son bonnet, il répondit qu'il avait peur de s'enrhumer.

« Quant à M. de la Morvonnais aîné, il doit à Leperdit d'avoir été compris dans le dernier convoi d'accusés dirigé vers Paris, et voilà pourquoi vous me voyez saluer très respectueusement la petite-fille de Leperdit, dont on m'a appris dans ma jeunesse à respecter le nom.

« Recevez, etc.

A.M. de la Morvonnais. »

La mort du Prince de Talmont

À l'époque de la Révolution, un juge de paix de Vitré écrivit, jour par jour, avec beaucoup d'impartialité, les événements de l'arrondissement qui parvinrent à sa connaissance.

Nous avons pu nous procurer ce manuscrit dans lequel nous ferons quelques emprunts contenant des détails intimes échappés à l'histoire et qui ne sont pas dénués d'intérêt.

Voici ce que nous relevons dans les notes concernant l'arrestation du prince de Talmont.

Ce prince, accablé de fatigues, de chagrins et de souffrances, après la défaite de son armée à Savenay, en abandonna les débris sur la rive gauche de la Loire. Son intention était de gagner la côte, de s'embarquer vers l'Angleterre où il espérait prendre quelque repos et rétablir sa santé chancelante. Accompagné de quelques hommes, sur le dévouement desquels il pouvait compter, il se hasarda à repasser secrètement la Loire à traverser un pays qu'il ne connaissait pas, coupé par des cours d'eau, couvert de bois et de forêts.

M. de Talmont se dirigea vers la forêt du Pertre, en Ille-et-Vilaine, où il comptait trouver M. de Puisaye et M. de La Haye, ainsi que d'autres gentilshommes avec lesquels il avait eu des relations, et qu'il savait y être cachés dans les loges établies, par eux, au plus profond des bois.

Mais peu de temps avant son arrivée, ces loges avaient été découvertes par les républicains. Quatre à cinq des amis de M. de la Puisaye avaient été tués et les autres s'était sauvés abandonnant la forêt.

Cependant, quelques paysans royalistes y étaient revenus, et s'y trouvaient encore cachés lors de l'arrivée du prince, qui eut lieu le 24 décembre 1793.

Celui-ci était en uniforme de hussard et accompagné de six hommes qui l'avaient suivi. Il se fit reconnaître, et aussitôt les paysans purent réunir 72 hommes pour le recevoir et lui faire une petite garde.

Les loges étaient bien misérables : il n'y avait plus qu'une mauvaise table, et par terre de la paille et des genêts pour se coucher. Comme le froid était excessif, on alluma du feu.

Le prince, extrêmement fatigué et malade, éprouva le besoin de pendre quelque nourriture. Apercevant un pain noir sur la table, il prit un morceau qu'il mangea après du feu.

Les paysans allèrent lui chercher un lit dans un village voisin, ainsi que quelques aliments pour lui et ses hommes.

Le lendemain 25 décembre, l'armée du Nord arrivait à Vitré et passait près de la forêt, ce qui obligea le prince à rester caché pendant deux ou trois jours, fort inquiet sur la route qu'il devait suivre pour gagner la côte, en parcourant une contrée remplie de troupes républicaines.

Son cheval était fourbu et ne pouvait plus le porter. Il en fit acheter un dans les environs, et pour se déguiser, il revêtit les vêtements de noce d'un paysan.

M. Boursier, prêtre de la paroisse de Princé, se trouvant dans le voisinage de la forêt, et ayant entendu parler de l'arrivée du prince de Talmont, s'en vint lui rendre visite. En le voyant aussi souffrant, il lui proposa de l'emmener à Princé. Le prince accepta et, dans la crainte d'éveiller les soupçons, ne prit avec lui qu'un seul domestique, laissant ses cinq autres compagnons de voyage dans la forêt du Pertre.

Il coucha chez M. Boursier qui, le lendemain, chargea un sieur Denancé, ancien juge de paix, de le conduire du côté de Fougères. Tous les deux furent reconnus, dénoncés et arrêtés, la nuit, au Pont-au-Guérin. Ils étaient couchés dans le même lit.

On conduisit le prince à Fougères, devant le général Beaufort, auquel il dit :

— Oui, je suis le prince de Talmont, soixante-huit combats contre les républicains m'ont familiarisé avec la mort ; je l'attends sans crainte.

On l'envoya à Rennes, devant le représentant Esnue la Vallée, qui, lui coupant la parole dans un de ses interrogatoires, lui crie :

— Je suis patriote et tu es un aristocrate.

— Tu fais ton métier et moi mon devoir, répondit le prince.

Transféré à Vitré, devant une commission militaire en permanence, il y arriva le 26 janvier 1794, à la brune. Une partie de la garnison prit les armes pour conduire le prisonnier. Vers dix heures du soir, il fut condamné à être guillotiné à Laval, sur la place publique devant son château.

Le lendemain matin à huit heures, le prince monta dans une voiture, escortée seulement de 25 hommes de cavalerie chargés de la conduire à Laval. Toujours très malade, il s'évanouit au sortir de la ville, et force fut d'arrêter un instant la voiture pour lui donner des soins.

On supposait à Vitré, qu'il aurait été délivré aux environs de la Gravelle, mais il n'en fut rien. On nommait même deux personnes qui avaient eu mission de le faire et qui en avaient le pouvoir.

L'exécution du prince de Talmont, fils du duc de la Trémouille, ancien seigneur de Laval et de Vitré, eut lieu à Laval, le 27 janvier 1794, en face de l'entrée principale du château que ses ancêtres avaient si longtemps occupé. Sa tête, mise au bout d'une pique, fut ensuite promenée dans les rues de la ville et posée, plus tard, sur une des portes de Laval.

Antoine-Philippe de la Trémouille, prince de Talmont, avait alors 28 ans. D'une taille élevée, d'une charmante figure et d'une distinction extrême, il se recommandait surtout aux soldats par ses manières affables, qui dénotaient à la fois le commandement et la valeur.

LES OUTILS ET LES BROCHETTES

Lorsque M. le comte de M…, de la Chapelle-Bouëxic, quitta la France pour se sauver à l'étranger, il enferma dans un baril les beaux louis d'or et les pièces de six livres qu'il possédait, et conduisit, lui-même, ce trésor chez l'un de ses fermiers, aux environs de Pont-Réan.

— Tiens, dit-il au paysan, voilà un baril d'outils, et de brochettes que tu mettras dans un coin de ta maison. Si j'en ai besoin, je t'écrirai de me l'envoyer, et dans le cas contraire, je le reprendrai à mon retour.

— Il sera fait comme vous le désirez, notre maître.

L'exil du comte dut se prolonger plus longtemps qu'il ne le supposait, et il eut besoin d'argent.

Il écrivit alors à son fermier de remettre à l'un de ses amis, qui devait aller le voir en Angleterre, le baril qu'il avait mis en dépôt chez lui.

Mais le paysan qui s'était douté qu'il avait en sa possession autre chose que des outils et des clous, avait ouvert le baril et s'était emparé de son contenu.

— Que faire ? se disait-il ; comment me tirer de là ?

Ma foi, il remplit le baril d'outils et de brochettes et le remis à l'ami de son maître.

Quand celui-ci le défonça, il s'aperçut qu'il avait été joué.

De retour en France, il s'arma de deux pistolets et se rendit chez son fermier.

— Brigand ! lui dit-il, si tu ne me remets pas mon argent, je te brûle la cervelle.

— Le voleur se jeta à ses genoux en lui promettant de le rembourser.

Les mauvaises langues affirment qu'il conserva une bonne part du trésor qui lui servit à acheter des propriétés dans le pays.

LE CHIEN DU PÈRE MOUTON

Un individu dont on a oublié le nom, et que plus tard, à Rennes, on appelait le père Mouton du nom de son chien, sorte de caniche qu'il avait dressé pour découvrir dans les maisons où ils étaient cachés les malheureux, hommes et femmes, qu'on recherchait pour les conduire à l'échafaud.

Cet animal accompagnait les agents chargés de ce triste métier et disait-on faisait merveille.

LES CHOUANS DE LAILLÉ

Les royalistes, de la bande de Laillé, ne pardonnaient pas au sieur Paignon d'avoir acheté comme bien national le château de Fontenay dans la paroisse de Chartres, et ils le traquaient jusque dans sa demeure.

Pour se protéger, il avait organisé un corps franc, qui fut reconnu insuffisant, et bientôt on se vit obligé d'établir des postes de soldats dans différents endroits de la contrée, et surtout à Pont-Réan, point important pour couvrir Rennes d'une surprise.

Le 28 brumaire an VIII, cette troupe occupait une maison du village de Pont-Réan.

Cette maison était petite, les soldats n'y pouvaient faire la cuisine.

Les royalistes avertis de cette circonstance, vinrent attaquer le poste au moment où les hommes étaient allés manger la soupe.

À leur approche, la sentinelle cria :

— Qui vive ?

— Royaliste ! répondit-on.

À ce cri, la sentinelle fit feu et rentra.

M. Binet, sous-lieutenant de la compagnie sortit pour reconnaître cette troupe ; mais il fut reçu par une vive fusillade.

Dix-sept hommes seulement gardaient le poste. Ils barricadèrent la porte et firent feu par les fenêtres. À la première décharge, le chef royaliste qui, selon l'usage d'alors, portait seulement le nom de Roger, tomba mortellement frappé.

Les royalistes s'embusquèrent dans un moulin et firent un feu vigoureux qui n'atteignit personne.

Voyant cela, ils apportèrent des masses de fagots et mirent le feu à la maison. Les dix-sept assiégés, tout en continuant la fusillade, éteignaient les flammes, non avec de l'eau, ils n'en avaient pas, mais avec du cidre.

Malgré cela le feu gagnait, et les femmes qui s'étaient réfugiées dans le poste poussaient des cris déchirants ; toute résistance devenait inutile.

Une grêle de balles tombait sur les fenêtres. M. Binet s'élança par l'une d'elles pour traiter de la capitulation.

Ému par le courage de ses soldats, le nouveau chef royaliste, M. de F…*, frère de celui qui venait d'être tué, accorda à la compagnie une honorable capitulation en dépit des clameurs de ses hommes qui demandaient que Paignon payât le prix du sang.

Ce dernier n'était pas là fort heureusement pour lui.

Quinze ans plus tard, M. de F... rencontrant M. Binet, dans une rue de Lorient, alla vers lui la main tendue et lui dit : « Oublions, Monsieur, les cruelles années et ne nous souvenons que des instants où nous avons pu nous traiter en Français. »

Un vicaire d'Orgères, l'abbé Joseph Bougerie, ne voulut pas pendant la révolution quitter le pays. Ce malheureux prêtre fut dénoncé et arrêté en même temps que le chef d'une bande de chouans appelé Jouault, et qu'un médecin de Paris qui s'était enrôlé dans cette bande. On les conduisit à Rennes devant le tribunal révolutionnaire qui les condamna à mort. Leur exécution eut lieu, sur la place du Palais le 1er juin 1794.

Voici un autre épisode de ces temps malheureux.

Les royalistes, après un combat contre les bleus, avaient été battus dans le village du Pâtis, sur le territoire d'Orgères, et plusieurs de leurs morts jonchaient le sol. Parmi eux se trouvait un pauvre diable qui semblait agoniser sur le revers d'un talus.

Un jeune homme et sa fiancée, revenant de Rennes, où ils étaient allés faire leurs emplettes de noces, passèrent à cet endroit et le futur marié dit en regardant le chouan : « Qu'il rende donc l'âme et que ce soit le dernier. »

Ce jeune homme paya cher ses affreuses paroles.

Le blessé ne mourut pas et se rétablit même assez promptement.

Il avait entendu la réflexion du fiancé et l'avait répétée à son chef. Celui-ci, indigné, jugea à propos de faire un exemple. Il attendit pour cela le jour de la noce, et, le soir de la fête, au moment où le marié pensait à tout autre chose qu'à mourir, il le fit empoigner par ses hommes. On le conduisit près du bourg d'Orgères, dans le pré Benoist où il fut assommé à coups de hoyaux. Les chouans ne le fusillèrent pas, dans la crainte d'attirer les bleus qui seraient accourus au bruit des détonations.

Un royaliste, du nom de Théaudière, toujours de la bande de Laillé[1], s'était fait aimer de la meunière du moulin de la chicane qui rendit d'in-

---

[1] Dans les écrits de l'époque, nous n'avons trouvé que les initiales des deux frères, chefs de la bande de Laillé.

contestables services au parti de son ami : selon que les ailes de son moulin étaient en croix ou en forme d'X, les blancs savaient que les bleus étaient plus ou moins éloignés et que les chemins des alentours offraient peu ou prou de sécurité.

Les meuniers courant la pochée, c'est-à-dire toujours par monts et par vaux, allant à dos de cheval de village en village, de hameau en hameau, d'auberge en auberge, pour prendre du grain ou porter de la farine, étaient plus à même que qui que ce soit de donner des renseignements sur les événements et sur la présence ou l'absence dans le pays des troupes régulières.

Si la bande des chouans de Laillé commit des crimes, les soldats de la République se montrèrent à leur tour souvent cruels dans l'accomplissement de leur devoir.

Un prêtre de Bruz, appelé Poirier, se cachait de ferme en ferme pour dire la messe et administrer les moribonds. Il avait été signalé aux bleus, qui ne lui laissaient de repos ni de jour, ni de nuit.

L'infortuné, venant de voir un malade et cherchant à se cacher dans le bois de Lancette, en Bruz, fut découvert et frappé d'un coup de baïonnette dans le ventre.

Les soldats allèrent à la ferme du Grand-Cicé chercher un tombereau dans lequel ils le chargèrent pour le transporter à Rennes. Le malheureux portait ses entrailles dans ses mains.

Il mourut en route près de Saint-Jacques-de-la-Lande.

Autres martyrs

On se souvient encore à Châtillon-sur-Seiche, des noms de trois fermiers : Baratte, Logeais et Bazin qui, pendant la tourmente révolutionnaire, cachèrent chez eux un prêtre non assermenté appelé M. Crosson.

Pour éviter de prononcer son nom, ils le désignaient quand ils lui parlaient, ou quand il était question de lui entre eux, par le mot Tonton qui, dans notre patois, veut dire « mon oncle. »

« Nous aurons demain la visite de Tonton, disaient-ils, il faut cuire de la galette car il déjeunera sans doute avec nous. »

Une lettre adressée à cet ecclésiastique tomba malheureusement entre les mains d'un traître qui le dénonça.

Des soldats le guettèrent et parvinrent à s'emparer de lui. Ils tirèrent un coup de fusil pour prévenir les leurs ; ceux-ci accoururent, saisirent l'infortuné prêtre par les cheveux, le traînèrent dans un pré et le fusillèrent.

Le matin de sa mort, il se promenait dans la campagne avec la fermière Bazin. Lui, ordinairement très causeur, se taisait.

— Qu'avez-vous donc ? lui demanda la fermière, vous paraissez tout soucieux.

— J'ai le pressentiment que ma fin est proche.

— Ah ! par exemple, répliqua la femme, pouvez-vous nous dire cela, Tonton : le pays est tranquille depuis quelques semaines et personne ne semble s'inquiéter de vous.

Trois heures plus tard, il était fusillé.

Les paysans qui lui donnèrent l'hospitalité furent arrêtés et conduits à Rennes, à la tour Le Bast. Baratte mourut en prison et les deux autres revinrent chez eux après avoir subi plusieurs mois de captivité.

Un autre prêtre vint le remplacer qui, lui, chercha un abri dans une excavation, sorte de grotte naturelle, sous les racines d'un vieil arbre, sur les bords de la petite rivière de la Seiche. Il y fut découvert et arrêté.

Les bleus le fusillèrent également dans les prés Pruneaux, en face le village de Châtillon, dans la paroisse de Bruz.

Un troisième martyr vint habiter la chambre d'une maison de paysan, situé au village de Pierrefitte, en Bruz.

Il rayonnait dans tous les environs pour porter les secours de la religion aux malades qui réclamaient des prières à leur dernière heure.

Lorsqu'il se voyait espionné ou suivi, un charretier lui passait bien vite son fouet et sa blouse, et à partir de ce moment, c'était le prêtre qui conduisait l'attelage. D'autres fois, il rentrait précipitamment dans un champs, se salissait les mains avec de la terre, et se mettait lui-même à conduire la charrue, pendant que le laboureur aiguillonnait les bœufs à la place d'un enfant qui allait se reposer dans un fossé.

Ses vêtements sacerdotaux étaient cachés dans un cellier sous une cuve tournée adens, c'est-à-dire, sens dessus dessous, à la ferme de la Barre. Des fagots, de la paille, des instruments aratoires ne permettaient pas d'approcher facilement de cette cuve.

Ce fut, dans ce cellier, pendant une grande partie de la révolution, que l'abbé dit la messe, maria la jeunesse et baptisa ses enfants.

Hélas ! malgré sa prévoyance et ses ruses, il fut dénoncé, et le dimanche de la Pentecôte, pendant qu'il disait la messe, dans le bois de Chancor, il reçut une balle en pleine poitrine au moment de l'élévation.

La maison de Pierrefitte, aujourd'hui abattue, et où se trouvait l'humble chambre du défunt prêtre était habitée au commencement du siècle dernier par un sieur Porcher.

Le petit-fils de ce dernier m'a raconté ce qui précède, et m'a affirmé que pendant longtemps, son grand-père ne put pénétrer le soir, après le coucher du soleil, dans la chambre du mort.

Arrivé à un détour de l'escalier sa chandelle s'éteignait et si, néanmoins, il voulait avancer, il se sentait repoussé par une force invisible.

Porcher fit achever la messe commencée dans le bois de Chancor et, à partir de ce jour, il n'éprouva plus aucune difficulté pour pénétrer nuitamment dans la chambre du prêtre fusillé[2].

On raconte, aux veillées, dans les communes du canton Sud-Ouest de Rennes, qu'un abbé, appelé Jean Larcher, chapelain du manoir noble de la Houssais, en Bruz, se réfugia, à l'époque révolutionnaire, à Louvigné-du-Désert, son pays natal.

Il fut aperçu un jour par les bleus, au village du Mont-Louvier, et fusillé dans un châtaignier dans lequel il avait grimpé.

Au-dessous de cet arbre était un rocher sur lequel le malheureux, en tombant, laissa la marque d'une de ses mains. Cette empreinte, assure-t-on, a été vue par tous les habitants du pays.

Des carriers ont détruit le rocher, mais la tradition populaire en a conservé la légende.

L'abbé Julien Gauthier, vicaire à Châtillon-sur-Seiche, ne quitta pas sa paroisse et s'y tint caché.

Un jour, il fut surpris par une patrouille de gardes nationaux qui le cerna, s'empara de lui et, voulut l'emmener dans les prisons de Rennes.

---

[2] Les légendes des prêtres errants réclamant des acolytes pour achever leur dernière messe sont extrêmement nombreuses. Cela tient, sans doute, à ce qu'un prêtre qui, pour un motif quelconque, interrompt sa messe après la consécration, est obligé de la faire achever par un autre ecclésiastique, lequel doit la prendre exactement à l'endroit où elle a été interrompue.

Sur la route, il trouva le moyen de s'échapper grâce à la complaisance du chef de la patrouille appelé Hurel, qui en facilita les moyens, et, qui n'ordonna à ses hommes de faire feu sur le fugitif, que lorsque celui-ci fut hors de la portée des balles.

LA CROIX CHEFTEL

Il y avait en 1785, à Bazouges-la-Pérouse, un médecin du nom de Cheftel qui devint l'un des plus grands bandits de son époque. S'étant lié avec Ruffin de la Rouërie, il s'en fit un ami, ce qui ne l'empêcha pas de le dénoncer, comme conspirateur, au Comité de Salut public, pendant les jours néfastes de la Révolution.

Ce Cheftel vécut pendant plus de six mois dans la famille Désille, à Saint-Coulomb, où il était fêté, choyé comme l'ami le plus intime de la Rouërie et où tous les plans de ce dernier lui furent dévoilés.

Le misérable, par ses odieuses dénonciations, envoya à l'échafaud plus de vingt personnes : un vieillard, M. de la Guyomarais, de jeunes et charmantes jeunes filles, et entre autres, Thérèse de Moëllien, cousine de la Rouërie.

Après tous ces crimes, Cheftel n'osa revenir en Bretagne, et alla se fixer à Orly, près de Choisy-le-Roi, où il devint maire et fanatique de la monarchie après avoir servi d'espion à Danton. Il s'était marié à Mlle Fleury de la Comédie française.

Le père de Cheftel avait été, lui aussi, médecin à Bazouges-la-Pérouse et maire de cette commune.

D'après une légende, il aurait été tué par la foudre sur le chemin, qui va de Bazouges à Marcilllé-Raoul, à l'endroit où se trouve une croix que l'on appelle la Croix-Cheftel.

Ne serait-ce pas plutôt dans le but d'obtenir des prières pour le fils Cheftel que cette croix aurait été placée là ?

UN MARIAGE AUTORISÉ PAR LE CONVENTIONNEL CARRIER

Le marquis de Locquet de Granville, seigneur de Fougeray, mourut en 1792 laissant une fille mariée à Pierre-François du Maz seigneur de

Villeneuve qui fut forcé d'émigrer. Il laissa, au château de Fougeray, sa femme jeune et jolie, ne supposant pas qu'on put l'inquiéter.

Mais vinrent les jours terribles et elle fut arrêtée, puis conduite à Rennes pour être jugé.

Là, il fut décidé qu'elle ferait partie d'un convoi de prisonniers que l'on expédiait à Carrier, qui venait de quitter cette ville pour se rendre à Nantes.

Lorsqu'elle passa près de Fougeray, à l'endroit que l'on appelait alors, comme aujourd'hui, la Belle-Étoile, elle versa d'abondantes larmes.

L'officier, commandant les soldats qui accompagnaient le convoi, entendit les sanglots de la prisonnière et en eut pitié.

Il la questionna et apprit qu'il avait devant lui la marquise de Fougeray, qu'elle traversait en ce moment ses terres et que son château était là, à une toute petite distance, derrière les arbres.

Ce commandant de détachement était un jeune homme aux manières distinguées, originaire de Lamballe, appelé Chapelier.

Vivement impressionné par les larmes de sa charmante prisonnière, il n'osa la consoler, convaincu qu'il était, qu'en la conduisant à carrier, elle n'échapperait pas à la mort.

Tout à coup il lui prit la main et dit :

— Je ne connais qu'un moyen de vous sauver ; mais il est inutile que je vous le dise, vous ne l'accepterez pas.

— N'importe, répondit-elle, parlez, je vous en prie ; je suis trop jeune pour mourir, puis… J'ai peur de la mort.

L'officier reprit :

— Votre mari étant en exil, il n'existe plus pour son pays, et la loi républicaine vous laisse la vie sauve si vous épousez un patriote.

Consentiriez-vous à m'accorder votre main ?

La jeune femme, à cette question, devint pâle, baissa les yeux, ne répondit pas.

— Réfléchissez jusqu'à Nantes ajouta Chapelier, et là, vous me ferez connaître votre réponse.

Quand Mme du Maz approcha de la demeure du farouche proconsul, elle s'avança vers l'officier et lui dit :

« Je ne veux pas mourir ! »

Carrier donna son consentement au mariage, qui se fit aussitôt.

Lorsque les temps devinrent plus calmes, Chapelier donna sa démission et habita, avec sa femme, le château de Fougeray.

On disait, en les voyant ensemble tous les deux :

« Leurs amours durèrent de la Belle Étoile au pont de la Quirielle. »

Le marquis avait émigré en Hollande. Ses amis qui allèrent le rejoindre dans ce pays, et qui savaient que sa femme avait changé de nom, ne le lui dirent pas ; et comme il mourut vers 1795, toujours en exil, il ignora le mariage de son épouse avec un sans-culotte.

La ci-devant marquise regretta-t-elle ce qu'elle avait fait ? Elle ne le dit jamais à personne, mais la tristesse, empreinte sur sa figure, faisait peine à voir.

Elle alla en s'affaiblissant et mourut jeune, sans enfant, laissant sa fortune à l'homme qui lui avait sauvé la vie.

LE PETIT COURRIER DE BRUZ

À l'époque de la révolution, Bruz devint le lieu de passage des troupes royalistes de la Bretagne et de la Vendée. On raconte, encore, à la veillée, nombre d'épisodes de cette fin de siècle.

En 1795, un jeune garçon de ferme du nom d'Yvon, intelligent et audacieux, fut appelé un soir, au château du Manoir où des dames connaissant son dévouement, lui confièrent la correspondance des insurgés bretons à leurs frères de la Vendée, en le chargeant de la porter à son adresse dans une commune voisine. Le jeune gars la cousit, dans la doublure de sa veste, et partit sur le champ.

Des colonnes mobiles de l'armée du général Hoche parcouraient le pays, et principalement, cette contrée qui était considérée comme suspecte.

Le voyageur enfourcha un guichenas, petit cheval de la lande, très commun à cette époque, et se dirigea vers Pont-Réan. Avant d'entrer dans le village, il apprit qu'un cantonnement de Républicains s'y trouvait, ce qui l'obligea, à rebrousser chemin et à prendre un sentier de traverse dans lequel il se croyait bien en sûreté. Hélas ! il n'avait pas fait cinq cents pas qu'il rencontra une troupe de soldats à cheval. Il fut aussitôt entouré, fait prisonnier, et conduit à Pont-Réan.

Heureusement pour lui, le général Hoche venait d'y arriver, et sa présence attirait trop l'attention de tout le monde pour qu'on s'occupât du jeune Yvon. Celui-ci put donc, lorsque la nuit fut venue, se glisser, sans bruit, dans l'écurie où était son cheval, le prendre par la bride et s'en aller vers un endroit de la Vilaine qu'il connaissait, et, où il lui était possible de franchir la rivière sans difficulté.

Lorsque les soldats s'aperçurent de la fuite de leur prisonnier, Yvon était déjà loin, et toutes leurs recherches n'aboutirent à aucun résultat.

Le bonheur du courrier royaliste ne fut pas de longue durée : en arrivant en bas du château, dans lequel il devait se débarrasser de sa correspondance, il fut cerné par une colonne républicaine qui marchait dans le plus grand silence.

On lui attacha les mains derrière le dos, il fut baillonné, et un soldat conduisit lui-même le cheval. Yvon comprit bientôt le motif pour lequel on observait un si grand silence. On voulait, s'emparer par surprise du château et arrêter les gens suspects qui pouvaient s'y trouver.

Le commandant du détachement fit, ses hommes, entourer le château, puis alla frapper à la porte principale, en ordonnant d'ouvrir au nom de la loi. Une dame obtempéra à cet ordre, et remit à l'officier, sur sa demande, les clefs des appartements. Les chambres furent fouillées dans leurs plus petits recoins, ainsi que les caves et les greniers, sans que l'on pût y découvrir rien de compromettant.

Yvon, étant reconnu du personnel du château, ne fut l'objet d'aucune remarque : aussi lui enleva-t-on son bâillon. Comme à Pont-Réan, il espéra qu'un moment favorable lui permettrait peut-être encore de s'échapper.

Les soldats, exaspérés, d'avoir fait buisson creux, se vengèrent de leur insuccès en mettant la cave au pillage. Lorsque le petit voyageur vit tous ces hommes à peu près ivres, il comprit que le moment était venu d'agir : s'approchant insensiblement de la porte de l'appartement dans lequel il était gardé, il l'ouvrit doucement, s'élança dans les jardins, franchit les haies et se trouva dans les champs. Il se rappela les recommandations qui lui avaient été faites au Manoir, et qui consistaient s'il ne trouvait pas le destinataire de sa correspondance au lieu indiqué, à l'aller rejoindre à Rennes, au château de la Mabilais.

Yvon s'achemina donc vers cette ville. Il y arriva cette fois, sans encombre et y trouva de nombreux royalistes qui tinrent conseil sur ce qu'ils devaient faire. Ils n'osèrent prendre un dépôt, de cette importance, destiné à leur chef, le baron de Cormatin, qui était pour le moment absent. Ils engagèrent le porteur de la correspondance à retourner à Bruz pour la rendre aux personnes qui la lui avaient confié, l'assurant que M. de Cormatin en serait informé et qu'il irait la chercher lui-même au Manoir.

Avant de quitter Rennes, Yvon rencontra un gars de son pays auquel il avait rendu quelques services, et qui voulut absolument le garder avec lui. Ce dernier, qui avait des opinions républicaines, emmena son camarade au club qui se tenait au couvent des Cordeliers. Qu'on juge de la surprise d'Yvon lorsqu'il entendit dans ce club, raconter sa propre histoire, c'est-à-dire, ses deux évasions qui pouvaient le faire fusiller. Aucun des assistants, fort heureusement, ne le connaissait et ne put remarquer la pâleur de son visage.

Il partit le soir même pour Bruz et, pour plus de sécurité, s'en alla à travers champs. Cet excès de précautions le perdit. En traversant un bois de sapins, il fut tout à coup cerné par des soldats de la République qui s'emparèrent de lui et le conduisirent au général Hoche qui revenait de Pont-Réan.

Un soldat reconnu le déserteur. Ordre fut aussitôt donné, de le dépouiller de ses vêtements et, d'en retourner toutes les poches. Le pauvre diable eut un instant l'espoir que son précieux dépôt n'allait pas être découvert, lorsque Hoche, lui-même, dit à ses hommes : « Passez-moi ces vêtements que je les examine à mon tour. » Il les froissa entre ses mains et ne tarda pas à sentir les papiers dans la doublure de sa veste. Il déchira prestement celle-ci, s'empara du paquet de lettres, lut la suscription et dit à son officier d'ordonnance : « Les voici enfin, ces dépêches que je convoite depuis si longtemps, et qui vont nous apprendre quelle confiance nous pouvons avoir de la parole de nos ennemis. J'avais comme un pressentiment que je les trouverais. »

Se tournant ensuite vers yvon : « Je devrais te faire fusiller, mon garçon ; mais j'ai pitié de ton jeune age, puis, tu es brave, sauve-toi et ne recommence pas. »

Les descendants de l'infortuné Yvon habitent toujours Bruz, et se souviennent avoir entendu souvent raconter, dans leur enfance, l'histoire du *Petit courrier de Bruz.*

Les trois frères Louessard qui habitaient la ferme de la rue-Haute, dans la paroisse de Bruz, craignaient d'être incorporé dans les troupes du général Hoche, qui occupaient la contrée.

L'aîné, Jacques, resta à la maison, parce qu'on laissait, ordinairement, un homme dans chaque exploitation agricole pour ne pas interrompre la culture des champs. Les deux autres frères cherchèrent un abri dans les fermes environnantes.

Un jour, que le cadet s'était caché dans le foin d'un grenier appartenant à Tessier son beau-frère, une perquisition fut faite dans la métairie où il se trouvait, par les soldats de la République.

L'un de ceux-ci, après avoir gravi l'échelle et pénétré dans le grenier, laissa maladroitement retomber la trappe sur la tête de l'un de ses compagnons qui le suivait, et, lui fit un mal atroce.

Des secours furent aussitôt prodigués au malade par les femmes de la ferme, et il ne fut plus question de fouiller la maison, fort heureusement pour les réfractaires, dont le plus jeune s'était blotti sous la couette du lit de son beau-frère.

Ce dernier, accusé d'avoir des relations avec les chouans, fut plus tard arrêté par les bleus qui, après l'avoir interrogé, le condamnèrent à la peine de mort.

Ils le firent se mettre à genoux, dans le champs de la Fontaine, pour être fusillé.

Tessier, croyant sa dernière heure venue, récitait le Confiteor, lorsqu'un officier, qui était du pays, arriva sur les lieux et le reconnut.

— Que fais-tu là ? lui dit-il.

— Hélas ! tu le vois bien, répondit le malheureux.

— Sauve-toi, vite, et ne te laisse plus reprendre.

On raconte à Laillé qu'un nommé Vallée fut envoyé dans son enfance, par M. de la Bourdonnaye, porter une lettre, la nuit, au château de la Tournerage en Goven.

Il fut arrêté par quatre soldats du général Hoche, qui lui demandèrent où il allait.

— Je cherche mes vaches, répondit-il sans se déconcerter.

— Comment ! tu cherches tes vaches la nuit ?

— Oui, depuis hier soir. Elles ont quitté la pâture où elles étaient à paître, et je ne puis les retrouver.

Vallée, qui n'était alors qu'un enfant, débita son mensonge avec un tel sang-froid, que les soldats ne se doutèrent de rien et lui permirent de continuer ses recherches. Il put ainsi accomplir la mission dont il avait été chargé.

Toujours à l'époque où le général Hoche occupait les communes situées au sud de Rennes, quatre Républicains de Châtillon-sur-seiche qui avaient indiqué aux bleus les endroits fréquentés par les chouans, furent saisis par ces derniers et emmenés vers Paimpont où l'on devait les juger.

Deux d'entre eux parvinrent à s'évader la nuit et s'efforcèrent de regagner leur demeure.

Entendant le bruit d'une troupe armée venant dans leur direction et, craignant d'être repris, ils se cachèrent dans un champ d'ajoncs. Leur frayeur était telle, que, le cheval d'un soldat écrasa le pied de l'un d'eux, sans qu'il fît un mouvement et sans qu'il proférât un cri.

À un endroit nommé Rigaudière, dans la commune de Pipriac, l'on a trouvé dans un arbre creux, le squelette d'un homme, ayant à côté de lui un fusil et à ses pieds de l'or et de l'argent dans un pot à lait que, dans le pays, on appelle un pirotier.

On suppose que ce devait être un seigneur de la Perdrilaye — château peu éloigné de la Rigaudière — qui, n'ayant pu émigrer, se sera caché dans cet arbre où il est mort de froid ou de faim.

Dans cette même commune de Pipriac, sur la route de Saint-Séglin, au haut de l'avenue de la Botelerais, en face d'une autre avenue appelée la Boutardais, existe la croix du Rozais, sous laquelle, dit-on, se trouve le corps de M. Durand, recteur de Saint-Séglin, qui, pendant la terreur, fut tué par les bleus. On l'enterra à l'endroit même où l'exécution avait eu lieu.

Les paysans qui passent devant la croix se signent et plusieurs d'entre eux assurent qu'ils ont vu la main du mort sortir de terre.

En 1899, deux petits pâtres ont découvert, en fouillant la terre, à une très petite distance de la croix, un squelette. On se demande, si ces restes sont ceux du prêtre, ou bien, si un autre crime a été commis en ces lieux.

M. de la Rive, originaire de Pipriac, est mort chanoine de la cathédrale de Nantes.

On raconte dans l'arrondissement de Redon, aux veillées d'hiver, la légende du trésor de M. le Chanoine.

À l'époque de la Terreur, pour éviter d'être noyé dans la Loire, par les ordres du proconsul carrier, M. de la Rive se vit forcé d'émigrer à l'étranger. Avant de partir, il mit dans un pirotier son argenterie, des bijoux et ce qu'il avait de plus précieux. Le vase fut ensuite placé dans une cachette de la maison, connue seulement de l'abbé et de la vieille Jeannette, sa servante, qui l'accompagna en exil.

Lorsqu'il leur fut possible de rentrer en France et de revenir à Nantes, la maison du chanoine avait été vendue comme bien national, et les nouveaux propriétaires étaient complètement inconnus à M. de la Rive.

Comment faire pour ravoir le trésor caché. Jeannette s'arrangea de façon à faire connaissance avec la bonne des maîtres de son ancienne demeure. Elle allait souvent la voir et lui racontait combien M. le Chanoine était bon, et le chagrin qu'elle éprouvait, elle, la servante à le voir habiter une autre maison que celle qu'il avait fait construire selon ses goûts.

Enfin, un jour que les propriétaires étaient à la campagne, et que les deux bonnes se trouvaient ensemble, Jeannette s'écria : « Ah ! mon Dieu ! comme j'aimerais à passer quelques heures, seule ici, dans cette demeure qui me rappelle de si heureux jours. »

« C'est bien facile, répondit l'autre servante, j'ai une commission à faire en ville, et je vous confie la garde du logement. »

Aussitôt que Jeannette fut seule, elle courut à la cachette qui, ô bonheur ! n'avait pas été découverte. Elle s'empara du pirotier qu'elle porta bien vite chez elle.

Jamais personne ne fut plus heureuse que la vieille servante en remettant à son maître les objets de prix, — presque une fortune —, qu'il croyait à jamais perdus.

Drame macabre

Les habitants de Noyal-sur-Vilaine montrent aux étrangers, sur la route qui conduit à Servon, l'endroit où se serait passé, pendant la terreur, le drame suivant :

Un vicaire de Pacé qui allait se cacher à Noyal fut dénoncé par un habitant de la paroisse, et les soldats du poste de Taillis reçurent l'ordre de le rechercher, de l'arrêter et de le conduire dans une prison de Rennes.

Les soldats — d'autres disent des gardes nationaux — s'acquittèrent avec zèle de leur mission, et le découvrirent.

L'abbé opposa une vive résistance au moment de son arrestation et fut grièvement blessé. Arrivée au pont d'Olivet, la troupe s'apercevant que le prêtre était dans l'impossibilité d'aller plus loin, le fusillèrent.

Ils le dépouillèrent de ses vêtements qu'ils mirent au bout de leurs baïonnettes, afin de prouver qu'ils avaient accompli la tâche qui leur avait été confiée, et jetèrent le cadavre du vicaire dans les prairies du château du Gué.

Un médecin du pays, ardent révolutionnaire, dont on désigne encore la maison dans le bourg de Noyal, ayant appris l'événement se rendit, la nuit suivante, près du cadavre de l'abbé et lui enleva le cœur qu'il emporta chez lui. Deux patauds, de ses amis, avaient été invité à aller déjeuner chez lui le lendemain. Le plat principal de ce repas fut le cœur de l'ecclésiastique qui avait été grillé comme un bifteck sur la braise du foyer.

Quelques jours plus tard, un fermier trouva le cadavre du vicaire de Pacé, et l'ayant reconnu le mit dans une petite charrette qu'il recouvrit de paille. Le soir venu, il conduisit au cimetière les restes de la pauvre victime, et les enterra dans une fosse creusée à la hâte et secrètement par lui.

La tradition ajoute que tous ceux qui jouèrent un rôle actif dans cette affaire en furent bientôt punis, ce qui ferait croire que la mort de l'abbé doit être attribuée plutôt à des gens du pays qu'à des soldats.

Le dénonciateur devint infirme six mois après, et ses membres restèrent paralysés jusqu'à la fin de ses jours. Des deux hommes qui fusillèrent le prêtre, l'un se tua d'un coup de pistolet dans la tête pour éviter de monter à l'échafaud, l'autre se suicida également et fut enfoui dans son jardin.

Enfin le médecin mourut dans un accès de folie furieuse.

LES FRÈRES COTTEREAU

Le 15 août 1793, une bande armée venant des communes de Saint-Ouen, Bourgneuf, Bourgon et autres lieux, sur les confins du Maine, parcourut les campagnes situées au nord de la ville de Vitré. Des individus, compromis dans le pays, se joignirent à elle, pour aller enlever les armes chez les personnes qui en possédaient. Ces rafles eurent lieu notamment dans la commune de Châtillon.

Cette bande était dirigée par les frères Cottereau, dits Chouans. Ils étaient quatre, Jean (le plus célèbre), François, Pierre et René, nés dans la commune d'Olivet, près Laval, mais ayant plus particulièrement habité la commune de Saint-Ouen. Leur première profession avait été celle de boisetiers dans la forêt de Port-Brillé. Ils avaient été aussi passeurs de sel en fraude, autrement dit, contrebandiers, et c'est alors qu'on les avait surnommés les chouans, parce que la nuit, ils se reconnaissaient entre eux en imitant le cri du hibou.

L'un d'eux s'était trouvé sous le coup d'un décret de prise de corps peu de temps avant la Révolution.

Forts et robustes, les quatre frères Cottereau étaient toujours les premiers à prendre part aux rixes qui avaient lieu dans les foires et assemblées des fêtes patronales. Ces rixes naissaient presque toujours de discussions politiques. Leurs premiers associés furent les nommés Séjonc, de Bourgneuf et Julien Pinson du village de Touchefeuil en Bourgon.

LES ROYALISTES BATTUS À PAIMPONT

Le 21 avril 1794, M. le comte de Puisaye et M. de Saint-Hilaire (dit le Houlan), secondés par les nommés Joseph Mercier, Pierrre Rossignol et Louis Hubert, réunirent deux cent cinquante à trois cents hommes compromis, qui se cachaient dans les châteaux et les fermes de l'arrondissement de Vitré, et les envoyèrent au château du Plessix, dans la commune de Vern.

Ces hommes restèrent trois jours dans les bois aux environs du Plessix, obligés de se battre constamment contre des détachements Républicains envoyés contre eux de Rennes et de Châteaugiron.

De Vern, ils allèrent au château de Cicé, dans la commune de Bruz, passèrent la Vilaine à Blossac et se dirigèrent vers Goven, Baulon, Guer et Beignon, sur les confins de l'Ille-et-Vilaine et du Morbihan.

Leur nombre s'accrut et ils arrivèrent promptement au chiffre de six à sept cents hommes.

Les troupes Républicaines et les gardes nationales se réunirent et leur donnèrent la chasse.

Les royalistes, ainsi poursuivis, revinrent à Plélan, où ils furent mis en déroute à la suite d'un combat sérieux. Une grande partie d'entre eux se sauva dans la forêt de Paimpont où les habitants de cette commune les traquèrent comme des bêtes fauves.

Fuyant de tous côtés, débandés, cherchant à revenir vers Vitré, ils traversèrent des communes où partout, sur leur passage, on sonna le tocsin et où l'on courut après eux.

Obligés de se cacher le jour dans les bois, et de marcher la nuit, la plupart du temps, sans pain, beaucoup d'entre eux moururent de fatigue, de misère et de privations.

Enfin le 8 mai 1794, cette bande, considérablement réduite, arriva sur les landes de Marpiré. Les misérables qui la formaient espéraient pouvoir entrer chez eux, lorsqu'ils furent assaillis près du bois de la Bourgonnerie par les gardes nationaux de Dourdain, de la Bouëxière et de Livré, qui en tuèrent un grand nombre et mirent les autres en déroute.

L'ABBÉ GAUDIN, VICAIRE DE LANRIGAN

En 1791, le vicaire de Lanrigan, l'abbé Gaudin, dut quitter le presbytère comme tous les prêtres non assermentés. Néanmoins, il resta caché dans la paroisse au château de Lanrigan appartenant à M. de Fontlebon.

Grâce à une cachette habilement dissimulée dans une muraille, il put longtemps échapper à toutes les visites domiciliaires ; mais il lui arrivait parfois de s'éloigner pour aller porter des secours aux mourants.

Dans la nuit du 5 au 6 avril 1796, il fut rencontré par des soldats qui le fusillèrent. Ils emportèrent ses vêtements au bout de leurs baïonnettes.

FÉLIX LEMONIER, VICAIRE À BRIÉ

Félix Lemonier, vicaire à Brie, alla se réfugier à Janzé, son pays natal, au moment de la Révolution. Il y exerça en secret son ministère et était en 1798, caché dans une famille Guillopé.

De temps à autre il célébrait la messe, tantôt à la chapelle du château de la Jaroussaye, chez M. de la Teillaye, tantôt dans les bois où de nombreux paysans allaient le rejoindre.

D'après la tradition locale, ces derniers se réunissaient souvent à la Grandinerie, près du Bourget, pour y prier en commun.

Plusieurs d'entre eux furent arrêtés et emprisonnés à Rennes.

LE PETIT TAMBOUR DES MORDELLES

Le nommé C…, chef des chouans de la lande d'Apigné, était redouté des bleus.

Sa bande se tenait ordinairement sur le bord de la route de Mordelles à Rennes, à l'intersection du chemin allant vers le Rheu.

Un petit soldat, tambour dans un régiment, traversait seul le bourg de Mordelles pour venir à Rennes, lorsqu'on lui dit qu'il pourrait bien être fusillé s'il tombait entre les mains des chouans d'Apigné.

Comme il était brave, il résolut de passer quand même devant le chemin du Rheu, et tout ce qu'on put obtenir de lui c'est qu'il attendit la nuit. C'était à l'automne ; un brouillard fort heureusement le favorisa.

Lorsqu'il arriva près de l'endroit redouté, il cria de toutes ses forces : «Peloton, garde à vos ! Portez armes ! Colonne en avant, marche».

Et il frappa sur son tambour : Ramplan, plan, plan, plan.

Cette ruse lui réussit, et il arriva à Rennes sans être inquiété.

LES EXÉCUTIONS RUE D'ÉCHANGE

Depuis un temps immémorial, la vieille église de Saint-Étienne, de Rennes, située sur la place contiguë à la rue d'Échange, sert de magasin de campement de l'armée.

En 1843, un cimetière existait encore autour de l'église, et était entouré de murs en ruine. Afin de permettre aux chariots d'artillerie d'arriver jusqu'à l'église, on abattit les murs du cimetière et l'on fit quelques travaux de terrassements pour niveler la place. Ces travaux amenèrent la découverte, à l'endroit où se trouve actuellement le bas de la rue d'Échange, près de l'hôpital militaire, d'un nombre assez considérable de squelettes qui, chose extraordinaire, avaient le crâne percé d'une ou plusieurs balles.

M. le docteur Godefroy, professeur à l'École de médecine, alla prendre quelques-uns de ces crânes pour les examiner.

On questionna les vieillards et l'on apprit qu'à l'époque de la Révolution, sous la terreur, des suspects, considérés comme traîtres à leur pays, avaient été fusillés à cet endroit, au pied d'un mur du cimetière.

Ces malheureux — hommes et femmes — étaient tombés sous les balles d'un bataillon de volontaires recrutés parmi les jeunes gens de 18 ans, et appelés : « L'Espoir de la Patrie ».

Les squelettes, du cimetière de Saint-Étienne furent enfouis, dans un trou près de la vieille église, dans le coin qui se trouve près de l'École d'apprentissage de la ville. Des exécutions du même genre eurent lieu, en 1794, sur la Motte, contre un mur de l'hôtel Cuillé.

LES CHOUANS DA LA BANDE DE LAILLÉ

Les chouans, de la bande de Laillé, se tenaient ordinairement en embuscade, sur le bord de la route de Rennes, sous un vieux chêne, situé entre la Renardière et bel-Air, d'où ils fusillaient les bleus qui fréquemment passaient sur cette route.

Une parente, de l'auteur de ces lignes, à cheval, en croupe derrière son mari, eut son manteau traversé d'une balle.

Voici dans quelle circonstance :

Le citoyen Hy était alors fournisseur des troupes de passage dans la petite ville de Bain, chef-lieu de district ; ses fonctions l'obligeaient à se rendre souvent à Rennes, ce qui le contrariait bien un peu, attendu qu'il venait d'épouser une fort jolie fille, Mlle Morel-Bois-Greffier, fille d'un notaire de Bain.

Hy était d'un naturel jaloux et ne consentait pas volontiers à laisser sa femme seule lorsqu'il s'absentait. Il l'emmenait avec lui et, presque toujours la nuit, dans la crainte de rencontrer des chouans.

Une nuit que le citoyen Hy et sa femme chevauchaient vers Rennes, ils s'arrêtèrent au bas de la côte de la Renardière pour entourer les pieds des chevaux de bandes d'étoffes, afin d'amortir le bruit des pas de l'animal. Mais une fois la côte gravie et lorsqu'ils furent en selle, le cavalier armé d'un pistolet fit feu pour indiquer son passage. C'était une fanfaronnade qu'il avait l'habitude de faire à chacun de ses voyages.

Cette fois, il se pressa trop, les chouans qui n'étaient pas loin tirèrent sur eux et le manteau de la citoyenne fut traversé d'une balle.

Mme Hy nous a fait voir, bien des fois, dans notre enfance, son manteau troué et, à l'heure actuelle, nous possédons les pistolets d'arçon dont se servait le fournisseur des troupes dans ses voyages.

L'ÉTANG AU DIABLE SUR LA ROUTE DE SAINT-GRÉGOIRE

Si les soldats de Cathelineau, animés d'un sentiment religieux et fanatisés par la bravoure de leurs chefs, se conduisirent comme des héros, il n'en fut pas de même des bandes de brigands qui prirent le nom de chouans pour mieux cacher leurs crimes et avoir l'air de défendre leur cause.

Ils mirent nos campagnes à feu et à sang. Ces voleurs de grands chemins, qui avaient pour lieutenants des misérables de la pire espèce, étaient recrutés parmi les déserteurs des armées régulières, les fainéants, les ivrognes et les gens sans aveu de tous les pays.

Nos bois en étaient infestés. Il y en avait tout autour de Rennes, et même aux portes de la ville.

Lorsqu'on a dépassé le cimetière du nord, pour aller vers Saint-Grégoire, on ne tarde pas à rencontrer une vallée appelée «L'Etang au diable». Ce repaire de scélérats était la terreur de la partie nord de la ville de Rennes, où les misérables commettaient des atrocités de toutes sortes.

Un soir, ils furent surpris par un détachement de troupes de la garnison de Rennes, qui les cerna dans un coin du bois. Sept d'entre eux tombèrent sous les balles des soldats de la République. Comme la nuit approchait, on creusa bien vite une fosse sur le bord de l'étang et l'on y jeta les sept cadavres tout habillés.

Traqués dans les bois, les brigands se sauvaient dans un autre où ils retrouvaient des amis ou tout au moins des affiliés.

Il y en avait, à l'est de Rennes, dans les bois de Seuves, près de Vern : au midi, dans les bois de la Touche-Tison sur la route de Nantes ; à l'ouest, sur la lande d'Apigné.

UN ÉPISODE DE LA RÉVOLUTION
À BAZOUGES-LA-PÉROUSE

Il n'y a guère de localités, en Bretagne, qui n'aient eu leurs drames, en cette fin de XVIIIe siècle, époque à laquelle les Français se faisaient une guerre désolante et cependant acharnée.

Ces drames ont fait, pendant plus de soixante ans, le sujet des récits du foyer dans les campagnes. Aujourd'hui, il n'en est plus question.

Un honorable vieillard, M. Briand, ancien secrétaire de la mairie de Bâzouges-la-Pérouse, nous a répété ce que son père lui contait dans son enfance, à l'occasion d'un engagement qui eut lieu le 8 mars 1796, dans la forêt de Villecartier, commune de Bâzouges, entre les républicains et les royalistes.

Parmi ces derniers, deux jeunes officiers furent tués : l'un, le chevalier de la Vieuville, et l'autre, le vicomte de Sérent. Le corps du premier repose, sans doute, sous un buisson de la forêt. Quant au cadavre du second, il fut trouvé près du village des Loges par un paysan qui l'emporta dans le coin de l'un de ses champs où il l'enterra. Pour bien marquer l'endroit, il planta un pommier sur la tombe.

Un frère aîné de M. de Sérent avait été tué dans les marais de Dol.

Ce ne fut que trente-cinq ans plus tard que la famille de Sérent, habitant Paris, apprit que l'on connaissait l'endroit où son jeune parent avait été inhumé.

Elle écrivit aussitôt à M. Barbot, curé de Bâzouges, pour le prier de charger quelqu'un de ramener à Paris les restes de l'officier.

Ce soin fut confié au vicaire de la paroisse, qui mit, lui-même, les quelques os trouvés sous le pommier, dans une petite caisse. Il se fit faire des vêtements civils, car, encore à cette époque, les prêtres n'osaient voyager sous le costume ecclésiastique.

La famille de Sérent affecta une somme assez importante pour faire dire des messes, à perpétuité, dans l'église de Bâzouges-la-Pérouse.

M. Briand nous dit en terminant, que le paysan avait replacé le pommier à l'endroit de son champ où avait reposé le corps du défunt. Il donna aux fruits de cet arbre le nom de pommes de Sérent.

Elles étaient vraiment bonnes, ajouta l'ancien secrétaire de la mairie de Bâzouges-la-Pérouse, et j'en ai mangé bien des fois étant enfant.

UN COMBAT À SAINT-AUBIN DU CORMIER

Le 6 octobre 1799, la légion des royalistes du district de Vitré, sous les ordres de M. de Caqueray (qui se faisait appeler Abel), attaqua la petite ville de Saint-Aubin du Cormier.

Après un combat des plus vifs, les royalistes escaladèrent une barrière qui avait été élevée du côté de Rennes, la brisèrent et entrèrent dans la ville où le combat continua.

Les républicains, en petit nombre, se réfugièrent dans un donjon du château où les royalistes les poursuivirent, mais ne purent les atteindre, ni les forcer à capituler.

Les assiégeants perdirent plusieurs hommes et eurent de nombreux blessés. M. de Caqueray, lui-même, reçut une balle dans la bouche qui lui brisa sept dents.

De guerre lasse, les royalistes se retirèrent emportant leurs blessés.

LA CHOUANNERIE EN 1830

En 1830, lors de l'avènement au trône de Louis-Philippe, les légitimistes, qui détestaient autant le roi que la République, s'insurgèrent de nouveau et recommencèrent à se former par bandes.

Vers la fin de 1831, le courrier, qui allait de la Guerche à Vitré, fut arrêté et pillé.

Les gardes nationaux, de ces deux localités, se virent obligés d'escorter la diligence. Les uns la conduisaient à moitié route et les autres allaient au-devant d'elle.

LES PRISONS DE RENNES

Il existait autrefois, à Rennes, deux prisons, La Tour-le-Bât et la grande Prison.

La Tour-le-Bât, ancien débris des fortifications de notre ville, avait la forme d'une poivrière, et était située au haut de la rue Saint-François. Il n'en reste aucun vestige.

Elle renferma, pendant la Terreur, les nobles, les prêtres, les religieuses, les suspects que le proconsul Carrier faisait écrouer et que le citoyen Leperdit mettait en liberté.

Il y avait deux fonctionnaire à la garder, l'un du côté de la rue Saint-François, l'autre dans la cour de l'hôtel de Breilpont, contour de la Motte.

Beaucoup de Rennais se souviennent encore, que le jour de la Fête-Dieu, lorsque la procession sortait de Sainte-Melaine, qui était alors la Cathédrale, et débouchait près de la préfecture pour entrer dans la rue des Fossés, on apercevait derrière les grilles, au haut de la Tour-le-Bât, les prisonnières qui, à leur fenêtre, avaient attaché un drap blanc orné de fleurs. L'évêque, sans arrêter la procession, levait la tête et donnait sa bénédiction aux détenues.

La grande prison, ou prison Saint-Michel, était située au fond de l'impasse Rallier du Baty, et sert, à l'heure actuelle d'entrepôt de vins à un négociant de Rennes.

C'était la maison de détention des hommes qui avaient une grande liberté. Leur principale occupation était la fabrication des chapeaux de paille.

Lorsque arrivait la belle saison, on demandait au gardien-chef la permission d'entrer pour choisir un chapeau. On y conduisait, même quelquefois, toute sa famille. On traitait directement avec les détenus auxquels on remettait l'argent. Le produit de leur travail leur permettait d'acheter différentes choses, et notamment, du tabac, car ils fumaient toute la journée.

Ceux qui étaient dans les sous-sols, les plus dangereux sans doute, criaient au gardien de leur envoyer du feu pour allumer leurs pipes, et celui-ci leur descendait un tison au bout d'une ficelle.

On se demande comment le feu n'a pas été mis à cette prison.

En 1832, un nommé Guillemot, l'un des chefs de l'armée royaliste, fut interné dans cette prison, et dut son évasion à une femme dans les circonstances suivantes : Deux sœurs, les demoiselles Quéret, tenaient un atelier de couture dans la rue Saint-Georges. Elles avaient des idées légitimistes très exaltées, aussi, en apprenant l'arrestation de M. Guillemot, résolurent-elles de le sauver. Elles furent, disait-on, poussées à accomplir cet acte par les membres de leur parti.

L'une d'elles pénétra, à la brune, sous un prétexte quelconque, dans la prison, ce qui était, nous l'avons dit, chose facile, et elle put échanger ses vêtements contre ceux du prisonnier. Celui-ci, ainsi déguisé, sorti sans être reconnu. Il alla d'abord se cacher dans l'église Saint-Sauveur où des amis l'attendaient pour lui procurer les moyens de passer à l'étranger.

C'est ce qui eut lieu.

Quant à Mlle Quéret, aussitôt qu'on s'aperçut de ce qu'elle avait fait, on la conduisit devant les magistrats, où elle fut jugée et condamnée par le tribunal correctionnel de Rennes, le 21 octobre 1832, à cinq ans de prison :

Président : M. Lagrée,
Ministère public : M. Malherbe,
Défenseur : maître Provins.

Dans sa séance du 21 novembre suivant, la Cour réduisit la peine à deux ans.

La malheureuse Mlle Quéret, à sa libération, se trouva sans ressources, sa sœur, malade de chagrin, n'avait pu continuer, seule, l'atelier de couture, d'autant plus que l'évasion de Guillemot avait éloigné d'elle certains clients.

Hélas ! personne ne vint en aide à ces pauvres filles qui sont mortes, à Rennes, dans la misère.

ORGANISATION D'UNE BANDE DE CHOUANS
DANS L'ARRONDISSEMENT DE VITRÉ

En 1832, il se forma dans l'arrondissement de Vitré une bande de réfractaires et de déserteurs.

Encouragée par les nobles du pays, cette bande, malgré tout ce que put faire l'autorité, augmenta dans des proportions inquiétantes et ne tarda pas à compter, dans son sein, les vieux chouans de la fin du siècle précédent et leurs descendants.

Elle eut bientôt pour chefs : MM. De Malnoë, de Courson, Masson-Morinière, Laisil, vicaire de Thorigné, Perthois-Villeray. Du dehors : de Saint-Nicolas, Onffroy père, Louis Chadeysson, ancien garde du corps, Tharin, éditeur des Cancans bretons, et en sous-ordre, les hommes de l'ancienne chouannerie, Hubert et Piquet, célèbres par leurs exploits, et Poissy, dit Vit-sans-soin.

Le 26 mai 1832, Izé fut le théâtre de leurs premiers exploits. Ils pillèrent la maison de M. Planchais, maire de cette commune.

Cette troupe alla ensuite au château de Malnoë où, après une exhortation à servir avec zèle le roi et la religion, elle décida de faire le lendemain une battue dans diverses communes des environs pour se des hommes et des armes.

Le 27 mai, 450 hommes étaient réunis à Châtillon et se rendirent dans un champ de la commune de Parcé, où eut lieu la distribution des grades. Un sabre était l'insigne des chefs.

Une famille de Fougères, de passage en ces lieux, fut retenue prisonnière une partie de la journée. On lui prit un fusil de chasse.

Le soir, la bande couchait à Saint-M'Hervé et y séjournait le lendemain.

Le 29, elle fut attaquée aux Bretonnières par un détachement du 51e de ligne qui s'en allait à la rencontre d'un convoi de poudre expédié de Vitré. Quelques hommes furent blessés, de part et d'autre ; mais les chouans prient la fuite et cherchèrent un refuge dans la forêt du Pertre.

COMBAT DE TOUCHENAULT

Le lendemain, 30 mai 1832, eut lieu le fameux combat de Touchenault, dans la lande de ce nom (Touche-Esnault).

Les chouans, poursuivis par les troupes régulières, s'étaient réfugiés dans cette lande, véritable maquis impénétrable. Ce fut là qu'eut lieu un engagement entre 800 insurgés et 100 hommes provenant des détachements de la garde nationale de Vitré et des soldats du 56e de ligne et du 16e léger.

Quatre-vingts chouans furent exterminés. Les soldats eurent trois hommes tués et six blessés. Cette rencontre mit fin aux troubles dans la contrée.

Plus tard, des révélations furent faites : on sut quels étaient les chefs de l'insurrection et la justice fit arrêter plusieurs d'entre eux.

L'un d'eux fut trouvé dans la cheminée d'une ferme de la commune d'Izé, lieu de son domicile. On le croyait mort depuis longtemps, sa mère ayant elle-même montré à l'autorité ses prétendus vêtements, tout ensanglantés, qu'elle déposait comme preuve de sa mort au combat de Touchenault. C'était un stratagème adroit pour endormir la police et faire cesser les recherches.

Le capitaine Gérardot, commandant le cantonnement d'Izé, ne fut pas dupe de ce mensonge et arrêta le réfractaire. Tous les prisonniers qui semblèrent n'avoir obéi qu'à la force furent relâchés.

LES ROYALISTES EN COUR D'ASSISES

Le 18 février 1833, au matin, une foule nombreuse stationnait devant le Palais de Justice de Rennes, attendant avec impatience l'ouverture des assises pour assister aux débats de l'insurrection de l'arrondissement de Vitré.

Six accusés devaient être jugés. Soixante-cinq témoins avaient été assignés. Au nombre de ces derniers, figuraient Mme et Mlle de Châteauvieux. Le service d'ordre était assuré à l'intérieur et à l'extérieur du Palais, par la garde nationale et le 16e léger. Les prisonniers furent amenés par la gendarmerie.

Voici leurs noms et l'indication des faits qui leur étaient imputés :

Tharin — connu sous le nom de Capitaine Cancan — remplissait les fonctions de payeur de la bande. Le 29 mai 1832, il prit part au combat des Bretonnières, fut membre d'un conseil de guerre qui, dans la matinée du 30, condamna à mort un homme appelé Dubourg, soupçonné d'espionnage ; il combattit à Touchenault et fut arrêté le 31, au moment où il cherchait à gagner le château des Escures.

Cotinet, était accusé d'avoir assisté au combat de Touchenault, où après avoir tiré deux coups de fusil, il se sauva. Il fut arrêté le soir même, encore armé, et ajouta pour toute défense qu'il avait été emmené malgré lui.

Hervagault, sacristain de Taillis, avait pris les armes le 25 mai. Il fut l'un de ceux qui fouillèrent à Izé la maison du maire. Il avoua, avoir passé six jours dans les landes, avoir été au combat des Bretonnières, à celui de Touchenault, mais affirma, ne pas s'être servi de son fusil.

Châtelais, ancien chef de chouans, pensionné, était lieutenant. Il avait été vu, donnant des ordres, ayant sur la manche de sa veste un ruban blanc galonné d'argent.

Orhan avait encore le bras en écharpe des suites d'une blessure qu'il prétendait avoir reçu aux environs du champ de bataille, sans y avoir pris part. Les soldats, disait-il tiraient indistinctement sur les paysans qu'ils rencontraient. « J'étais dans un champ, avec mes gars, quand je reçus une balle sans savoir d'où elle venait ». Les témoins contestaient le fait.

Chadeysson était un homme de 27 à 28 ans, fort joli garçon, avec une barbe longue et touffue qui l'avait fait surnommer l'homme à la longue barbe. Il avait joué un rôle beaucoup plus important que les autres prisonniers. Ses connaissances militaires, son instruction, sa bonne mine, lui assuraient une autorité qu'on s'était plu d'ailleurs à lui accorder. Garde du corps avant la Révolution de 1830, il prétendait être venu à Rennes par raison d'économie. La violence de ses propos attira sur lui l'attention de la police ; il s'en inquiéta, et disparut dans les premiers jours de mai. Sa parole à l'audience était assurée, sa contenance ferme sans ostentation ; il se retrancha dans un système complet de dénégations. Des faits graves pesaient sur lui. Il avait été reconnu dans le rassemblement formé au château de Malnoë ; il fut l'un des chefs qui, le 27 mai, reçut de M. de Courson un grade et un sabre. Il prit part à l'affaire des Bretonnières, siégea le 30 dans le conseil de guerre tenu à Vergéal, vota la mort de Dubourg, et le soir même, combattait à Touchenault.

M. Bertois, maire de Vitré, raconte comment Chadeysson fut arrêté : « J'avais été mandé, dit-il, pour assister à une perquisition chez le fermier Leutellier. Nous n'avions rien découvert et allions-nous retirer lorsqu'un sergent monta à l'étage supérieur, et remarquant que les planches du parquet n'étaient pas toutes jointes de la même façon, introduisit sa baguette dans l'intervalle de deux qui semblaient bien moins fixées ; que l'une ayant cédé à la pression, on l'acheva de soulever à l'aide d'une baïonnette faisant levier, et l'on mit à jour une cachette assez profonde. Au fond était couché Chadeysson, retenant fortement la planche par deux poignées tenant à l'intérieur ».

Des papiers, trouvés dans cette cachette, ne laissèrent plus aucun doute sur la culpabilité du prisonnier. Il y avait, entre autres, la lettre suivante, écrite par Chadeysson — ce qu'il reconnut d'ailleurs — et qui était adressée à un journal dont il ne voulut pas faire connaître le titre :

« Monsieur le Rédacteur,

Il ne m'est plus permis de garder le silence sur les atroces calomnies que ne cessent de vomir contre moi certaines gens qui se targuent d'être des Bretons sans en avoir les nobles sentiments. Si je les nommais, l'opinion publique les flétrirait de son sceau réprobateur. À différentes reprises, leur orgueil a essayé de jeter ma tête au bourreau, et moi, je me tairai…, assez de victimes gémissent dans les cachots. Je me contente donc, aujourd'hui, de protester contre leurs perfides insinuations ; en m'accusant moi-même, je n'ignore pas que je signe ma condamnation avec mon sang, mais au moins, je me laverai, aux yeux de ceux qui ne me connaissent pas, de l'infamie que de lâches ennemis voulaient imprimer sur mon front. Ils peuvent préférer la vie à l'honneur ; ma vie à moi, c'est l'honneur.

Le Vivarais n'aura pas à me renier. Un court exposé va mettre mes amis et mes ennemis à même de me juger : Au retour de Cherbourg, après le départ de la famille royale pour l'exil, je revins à Paris, où, sans fortune aucune, je fus obligé de me soumettre à la loi du 30 août 1830. J'étais en cette position lors de mon arrivée à Rennes en décembre de la même année. J'avais fui le séjour de la capitale comme trop dispendieux pour un officier en demi-solde, et quelques bretons crurent voir en moi un espion ! …

D'où vient-il ? Que vient-il faire ?

Puis, avec la fatuité ordinaire quelques jeunes gens, l'un de dire : C'est un espion ! et les autres de répondre : En effet, ce ne peut être qu'un espion ! Il ne va pas dans le monde.

J'avais quitté Paris pour vivre plus économiquement en province ; j'avais refusé d'être présenté dans plusieurs maisons honorables de Rennes, parce que mes modiques ressources me forçaient de m'éloigner du monde, et j'étais un espion !

Cela vous paraîtra inouï, M. le Rédacteur ; un jour pourtant je vaincrai votre incrédulité, en vous priant d'insérer dans votre estimable journal, organe de la vérité, la pièce où d'honorables signatures attestent de ce fait et bien d'autres, du même genre, et tout aussi fondés.

Six mois et demi sous le poids de cet odieux soupçon ; j'ignore en quoi ma conduite put éveiller la susceptibilité de la police rennaise ; à coup sûr, je n'avais commis ni vol, ni assassinat. J'avais peut-être, avec toute ma franchise méridionale, manifesté mes opinions Henriquinquistes et je ne me défendais pas. Toujours est-il que le 16 juillet 1831, M. de Miniac, commissaire de police, étant venu s'informer de moi à ma demeure, rue aux foulons n° 24, je crus prudent de m'éloigner de la ville pour n'être point jeté dans les prisons du juste-milieu, qui ne regarde pas de si près à la liberté individuelle.

Et le 28 juillet, j'adressais à M. le Ministre de la Guerre, une lettre ainsi conçue : Nommé officier par Charles X, à lui seul, je dois rendre mon épée ; je ne puis donc me démettre de mon grade, mais je renonce à toute solde et emploi. J'ai l'honneur, etc.

Un mois après, je sus que j'étais placé sous un double mandat d'arrêt de la police civile et militaire, comme tout dévoué à la dynastie déchue et très dangereux au gouvernement actuel.

Eh bien, ma proscription même ne put fléchir la bassesse de mes ennemis, et ils levèrent le masque, alors qu'ils pouvaient me traiter impunément d'espion. Ils voulurent souiller mon uniforme ; pendant dix-huit mois leurs calomnies me poursuivirent partout, m'épièrent dans l'ombre.

Pourtant un jour, dans ces belles campagnes de Vitré, où je voulais me mêler à ses enfants au milieu des balles, je me retournai et ne les vis plus derrière mes pas ! Où étaient-ils ? Que faisaient-ils ces tartufes de dévouement ? Ils tremblaient chez eux ; mais le danger disparu, ils osèrent calomnier le courage malheureux...

Ils m'appelèrent traître ! Il était traître celui qui, le premier sur le champ de bataille, cria : vive Henri V !

Il était traître celui, à qui les chouans, qu'il conduisait vis-à-vis le centre droit de la ligne des bleus, qui menaçaient de nous prendre en flanc et en queue, adressaient ces paroles flatteuses pour un chef : « Menez-nous, partout où vous voudrez, nous vous suivrons ».

Enfin, sera-t-il traître celui qui envoya brûler par deux hommes les contrôles des compagnies, dans les bois de Torcé et Vergéal, et reçut, en congédiant les quelques chouans qui s'y étaient mêlés, leurs adieux mêlés de pleurs ?

Etait-il traître celui qui, blessé d'une entorse à la jambe, ne quitta néanmoins que le dernier le champ de bataille ? Chouans qui combattiez à Bréal et à Vergéal, dites à mes calomniateurs (que vous ne vîtes point dans vos rangs) si l'homme à la longue barbe noire et aux longues moustaches se conduit comme un traître.

Parlez, vous tous aussi, braves Bretons, chez qui j'ai trouvé et trouve encore, depuis le 30 juin, une place à votre foyer, apprenez-leur que je n'ai pas quitté l'Ille-et-Vilaine ».

M. Poulizac présidait les assises, et M. Letourneux, premier avocat général, remplissait les fonctions de ministère public.

Parmi les dépositions, il y en eut qui causèrent une telle hilarité dans la salle que nous en citerons quelques-unes :

M. Planchais, maire d'Izé, rendit compte de la visite que lui firent les chouans, l'injuriant, se faisant servir à boire, bouleversant ses lits pour trouver des armes, et à défaut, enlevant la caisse communale.

— Le président : Vous paya-t-on ?

— Oui, en grimaces et en m'appelant pataud, mais ça me gênait moins que de voir manger mon pain et boire mon cidre.

Un paysan, du nom de Julien Leray, avait été entraîné de force à Touchenault. Il raconta en détail la marche des chouans et ajouta :

« Quand c'est que je vis que ça chauvissait, je capitulis ben vite. »

Demande. — Vous vous rendîtes ? mais vous vous êtes donc battu ?

Réponse. — non-dame ! Je ne me suis point battu !

D. — Comment donc pûtes-vous capituler, car on ne capitule qu'après un combat commencé ?

R. — Nenni, nenni, n'y eut point de combat et j'capitulis avant.

D. — Mais qu'entendez-vous par capituler ? que vous vous enfuîtes ?

R. — Oui, oui, je m'en fus à m'n'aller !

Un témoin appelé Julien Floc reconnut Châtelet qui, dit-il, portait un fusil d'honneur à capucines d'argent.

Même, ajouta-t-il, « qu'il n'y avait des gars de chez nous qui disions :

— Ah ! ouah, que nonna, que c'est point de l'argent ; ves-tu pas ben que c'est étamé comme des castroles ?

— Ah oui, que je te dis, tu cré, ta, qu'on f... comme ça des fusils d'honneur étamés ? (Hilarité générale.) »

On répéta à Châtelet, vieillard d'une surdité très prononcée, le récit du témoin Floc.

Il répondit : « Ah le mentou ! le mentou ! en riant d'un air cafard, qu'il y a plus de trois ans que ma femme cachit le fusil. Je ne l'ons pas vu depuis la Saint-Antoine. Je l'enterrime dans le prinsoer ; j'lavons cherché, mais j'lavons point retrouvé ; il a été prins ben sûr. Ainsi voyez donc, queu mentou ! Ah le mentou.

Le bonhomme prolongea ses exclamations au milieu des rires du public que le président eut peine à calmer.

Le nommé Dubourg raconta de la manière suivante comment et pourquoi il fut condamné à mort, ainsi que les heureuses circonstances qui empêchèrent son exécution : « Le 29 mai 1832, je rencontrai au Bourgneuf, la bande des chouans. Blot m'arrêta et me dit : Tu vas te faire royaliste ! Après quelques refus, force me fut de les suivre. On me présenta au chef, et je fus incorporé dans la 2e compagnie, capitaine Chazé. La troupe se mit en route, et le soir même, nous fûmes souper dans une ferme en Crugais.

Le lendemain matin, après le déjeuner, nous nous rendîmes au château de M. de Lagrasserie, près de Gennes. De là, nous rentrâmes dans le bois de Saint-Germain-du-Pinel ; mais à peine y étions-nous que des enfants vinrent nous donner avis que les bleus nous suivaient. On battit alors en retraite ; mais pour dépister les soldats, les uns marchèrent à reculons jusqu'à la lisière du bois, tendis que d'autres marchaient en sens inverse dans les traces des pas de ceux qui suivaient la véritable direction.

« Arrivé à Vergéal, je voulus me sauver... Je fus aperçu ; tirez dessus, cria-t-on, s'il continue à courir.

« On me reprit. Alors on me conduisit dans une loge pour m'interroger.

Un de ceux qui étaient là ayant dit mon véritable nom, on me demanda mes papiers ; je les refusai ; on me déshabilla et l'on vit sur moi des bretelles tricolores...

Ah ! dit-on, g..., tu es un traître ! On m'entraîna dans une chambre, et pour mieux me fouiller, on me mit tout nu ; on m'attacha ensuite et les chefs, réunis, me firent mon procès. Au bout d'une heure et demie de délibération, je fus condamné à mort. On me garda à vue... On allait, disait-on, me fusiller. Mais les paysans de la maison dirent que si l'on tirait des coups de feu, les soldats des cantonnements les entendraient, arriveraient, feraient des perquisitions et leur prendraient leurs armes.

— Ils ont raison, mais que faire ?

— Il faut le tuer à coups de tanches, et on l'enterrera sans bruit dans le champ de genêts.

« J'avais peut-être encore trois quarts d'heure à vivre, quand on cria aux armes ! Hubert et Piquet qui me gardaient se précipitèrent, aussitôt, hors de la maison.

À peine ce dernier était-il sorti qu'il reçut deux coups de feu et vint tomber dans la cour de la ferme en disant : Ah ! je suis mort !

— Tant mieux, g..., m'écriai-je.

Une femme effrayée se précipita dans la maison ; sa figure était toute bouleversée ; moi, j'étais nu et garrotté sur un billot. Secourez-moi, lui dis-je, délivrez-moi, mais elle regardait et ne comprenait pas ; elle était sourde et muette. Je parvins cependant à me traîner dans la chambre voisine où, bientôt, l'on me débarrassa de mes cordes.

« Mon premier soin, quand je me trouvai libre, fut de tirer, hors d'un lit, Hubert blessé à mort lui aussi et de le traîner par les pieds dans la cour pour mettre à sa place un grenadier qui était blessé. »

Le président. :

— Quels étaient les juges qui composaient le conseil de guerre ?

— Il y en avait vingt. Entre autres, MM. De Courson, Blot, Fromandière, Chadeysson, Tharin, les trois fils Onffroy.

— Reconnaissez-vous les accusés ?

— Oui. Je n'ai vu que les deux messieurs que voilà. Il désigna Chadeysson et Tharin. Ce dernier, ajouta-t-il, c'est le capitaine cancan.

— Vous ont-ils fait quelque mal ?

— Oh ! mon Dieu, non... Ils n'ont fait que me condamner à mort. (Rires.)

Je connais Orhan ; je l'ai vu le 30 mai. J'ai vu Châtelet dans la forêt du Pertre. Celui-ci, auquel on transmit l'assertion de Dubourg, le regarda en riant, en disant : Oh ! mentou, mentou !

Mme et Mlle de Châteauvieux, chez lesquelles Tharin avait déjeuner le jour de son arrestation, firent une déposition complètement différente de celle qu'elles avaient écrite devant le juge d'instruction, et cela dans le but d'établir un alibi en faveur du prisonnier.

Une rumeur s'éleva dans la salle.

Le ministère public dit à ces dames : « Si j'écoutais la rigueur de mon ministère, je devrais vous frapper d'un mandat d'arrêt ; mais votre parjure est trop palpable pour qu'une condamnation soit nécessaire pour vous désigner au mépris public, heureuses, si vous pouvez trouver quelque excuse dans l'intérêt qu'a pu vous inspirer un jeune accusé.

Dans un réquisitoire qui ne dura pas moins de trois heures, l'avocat général Letourneux démontra que l'insurrection de Vitré n'était qu'un épisode du grand drame que l'aventureuse duchesse de Berry était venue jouer en France. Il suivit les insurgés, au nombre de 500, dans leurs haltes dans les divers châteaux où de nobles dames leur faisaient servir des vivres et les engageaient à se battre vaillamment pour Henri V.

Il décrivit le combat du 30 mai au soir sur la lande de Touchenault, dans lequel 65 gardes nationaux de Vitré, 35 soldats de la ligne et 3 gendarmes, après des prodiges de valeur, n'ayant que cinq morts et trois blessés, mirent en pleine déroute l'armée insurrectionnelle, qui laissa sur le champ de bataille, 40 morts et autant de blessés, jeta ses armes dans les champs voisins, et, le lendemain, offrit à l'autorité sa soumission et son repentir.

Maître Grivat, défenseur de Chadeysson, plaida les circonstances atténuantes :

« Pourquoi donc, messieurs, dit-il, cet homme s'est-il lancé dans l'insurrection ? C'est qu'il avait servi dans les gardes du corps de Charles X, qu'il le devait à Mme la duchesse de Berry, et que cette princesse était elle-même en Bretagne, lorsque Chadeysson a pris les armes. Si alors les hommes à cheveux blancs s'abandonnaient à un enthousiasme de paroles, que devaient faire les jeunes hommes dont le sang bouillonnait, et lorsqu'un Châteaubriand a prononcé cette phrase célèbre : Votre fils est mon roi, que devait faire un Chadeysson ? »

Tharin et Chadeysson furent condamnés à la déportation.

Le président ordonna la mise en liberté des autres prisonniers.

Chadeysson témoigna, sans ostentation, à Leutellier qui l'avait caché chez lui, sa vive reconnaissance. Sa main pressa celle de son ami et une larme roula dans ses yeux.

M. Chadeysson, un peu plus tard, fut gracié, rentra en France, se fit prêtre et devint aumônier des Dames de l'Adoration, à Rennes, rue d'Antrain. Il est mort dans cette communauté le 11 novembre 1839 ; il n'avait pas 40 ans.

NOUVEAUX TROUBLES EN 1835

Le 9 janvier 1835, la gendarmerie de Fougères trouva un dépôt de huit cents balles chez un fermier de la commune de Parigné.

Le même jour, un réfractaire de l'arrondissement de Fougères fut arrêté par le gendarme Lebouc dans les bureaux de la sous-préfecture, au moment même où il réclamait des papiers.

Le lendemain, la gendarmerie de Bout-de-Lande, commune de Laillé, arrêta chez le marquis de Langle, à son château de la Couyère, deux conscrits réfractaires du département du Morbihan.

Quelques jours plus tard, le tribunal de Vitré condamna à quatre mois de prison, le sieur Boursier, fermier à Balazé, chez lequel, la gendarmerie avait découvert dans une cachette un réfractaire appelé Lodiet.

Le 12 janvier, un nommé Harquelot de la commune de Moutiers qui, vers 6 heures du soir, rentrait chez lui en chantant une chanson patriotique, fut frappé à coups de bâton et de pierres par les nommés Faniet, de Moutiers et Viel, de Domalain, qui le traitèrent de pataud. Après enquête, la gendarmerie les arrêta et les conduisit à la prison de Vitré.

En ce même mois de janvier 1835, une bande de malfaiteurs parcoururent les environs de Rennes, mettant tout au pillage.

Dans la nuit du 20 au 21, elle chercha à pénétrer dans le château de M. du Robail, commune de Bréal. Ces brigands ne prirent la fuite que sur la menace du propriétaire de les recevoir à coups de fusil.

DISTRICT DE BAIN

Le Vice-Président du Directoire du District au Comité de Salut Public

Adresses, rapports divers sur l'esprit public, les émigrés et leurs familles, les opérations des chouans, la vente des biens nationaux.

Bain le 26 ventôse an II

Enjoint aux municipalités de notre ressort, de faire de notre Secrétariat le dépôt de toutes les armes saisies dans leur arrondissement chez les personnes suspectes. Partie de ces armes ont été envoyées à Rennes en exécution des ordres des représentants du peuple. Enjoint aux municipalités de faire rejoindre plusieurs cavaliers qui ne s'étaient pas rendus à nos ordres, et envoyé des gendarmes pour les saisir.

30 ventôse

Faire mettre en état d'arrestation les prêtres de notre district, en vertu d'un ordre des représentants du peuple à Rennes. Ces prêtres ont été envoyés au Mont Saint-Michel.

11 germinal

Les opérations ordinaires de l'administration ont été interrompues pendant le cours de cette décade : 1° par l'arrestation de tous les prêtres dont le district de Bain est maintenant entièrement purgé ; 2° par la levée et le départ des citoyens de la première réquisition retenus jusqu'à ce moment sur notre territoire pour en défendre l'entrée aux brigands de la Vendée, dont nous avons eu le malheur d'être voisins ; 3° par les mesures prises pour empêcher l'introduction des brigandages qui se commettent dans les districts de Vitré et Fougères par la horde des chouans.

3 floréal

Le sol de notre district est purgé des ci-devant nobles, prêtres réfractaires, même constitutionnels ; des personnes suspectes telles que pères et mères d'émigrés qui n'ont pas justifié avoir fait leur possible pour empêcher l'émigration de leurs fils.

Il pourrait se faire, malgré notre vigilance, qu'il se trouva encore sur notre territoire des ennemis du bien public : cependant, nous ne présumons pas, d'après la docilité avec lesquelles nos municipalités obéissent aux lois, qu'aucune d'elles soit travaillée en sens contraire des vrais principes. Nous leur avons ordonné, il y a trois mois, d'apporter à notre secrétariat tous leurs vases sacrés, cuivres, fers et généralement tous les ustensiles de leurs églises et chapelles. Elles ont toutes obéi dans le délai prescrit.

Nous avons reçu l'ordre des représentants du peuple de Rennes, de mettre en arrestation tous nos prêtres constitutionnels.

Cette arrestation générale s'est faite sans murmure.

6 floréal

J'ai adressé, à toutes les municipalités, un réquisitoire portant injonction à chacune d'elles, de faire fournir par tous les citoyens au-dessus de l'age de 14 ans et inscrits aux rôles des contributions, au moins une livre de vieux linges pour le service des papetiers. Je leur ai fait parvenir un tableau indicatif du nom des citoyens qui feront les livraisons, de la quantité et qualité de vieux linges.

9 floréal

J'ai recommandé à la municipalité et au comité de surveillance de la commune de Fougeray, de surveiller et de prendre tous les renseignements nécessaires au sujet d'un rassemblement d'environ 40 hommes armés qui ont été vus sur le bord de la rivière de Vilaine dans l'arrondissement de cette commune.

11 floréal an II

J'ai prévenu notre département qu'une troupe de brigands, nommés chouans, s'était portée sur différentes communes de notre district où elle excitait les habitants à la révolte et les entraînait dans son abominable parti. J'ai demandé des forces pour tacher de les anéantir.

J'ai écrit au brigadier des chasseurs à cheval du 15e régiment cantonné au passage du Bout-de-Lande, route de Rennes à Nantes, pour qu'il fasse faire des patrouilles, de nuit et de jour, sur les communes dans lesquelles ont pénétré les chouans afin de découvrir leurs mouvements et d'arrêter ceux des habitants de notre commune qui seraient disposés à suivre ces scélérats.

12 floréal

J'ai nommé provisoirement un nouveau chef de légion de la garde nationale de notre district pour remplacer le citoyen Gazon assassiné par les chouans.

J'ai envoyé des munitions de guerre à la municipalité de Guichen menacée de l'invasion des chouans qui se trouvent sur le territoire du district de Redon et à peu de distance de cette commune.

Des ordres ont été donnés aux municipalités de Fougeray et de Poligné pour qu'elles redoublent de vigilance, qu'elles renforcent leurs gardes et fassent faire des patrouilles pour arrêter les étrangers.

J'ai demandé à la municipalité de Corps-Nuds des renseignements sur la disposition des esprits de sa commune et de celles qui sont environnantes où s'étaient répandus les chouans.

15 floréal

J'ai proposé au citoyen Dubois-Crancé, représentant du peuple à Rennes, de faire interrompre la navigation de la Vilaine de Rennes à Redon, dans la crainte que les chouans répandus sur différentes communes du district de Redon, ne se servent des bateaux pour repasser laVilaine. Je lui ai annoncé que nous allions faire conduire, dans un même lieu, tous les bateaux de passage et faire établir des postes à tous les endroits de cette rivière où les chouans pourraient repasser à gué.

16 floréal

J'ai envoyé deux receveurs des domaines, dans les différents bureaux de notre arrondissement, un arrêté des représentants du peuple, à Nantes concernant l'abattage des haies, bois taillis, genêts et fossés sur la grande route de Rennes à Nantes à 50 toises de distance de cette route, et leur ordonnant de la faire mettre à exécution sur les propriétés de la nation.

17 floréal an II

J'ai demandé au district de Châteaubriand de mettre en réquisition l'écorce de deux bauges de bois dans la forêt de Theillaie qui nous avoisine, pour le service de nos tanneries.

21 floréal

J'ai fait parvenir au citoyen Dubois-Crancé, représentant du peuple, un procès-verbal du comité de surveillance de la commune de Bourg-la-Montagne (Bourg-des-Comptes) contenant des renseignements relatifs aux passages des chouans sur le territoire de notre district.

5 prairial

J'ai enjoint au comité de surveillance de la commune de Pancé de surveiller un boulanger qui nous a été dénoncé comme faisant une grande consommation de pain, de s'assurer de la vérité des faits et de nous en rendre compte.

7 prairial

J'ai envoyé aux magasins militaires de Rennes, une voiture d'effets de campement des maisons d'émigrés de notre district, et à l'arsenal de Rennes, des cuivres, fers et étains.

11 prairial

J'ai pris la résolution de conserver à la République tous les bois situés sur le parcours de la rivière de Vilaine dans notre arrondissement et appartenant à des émigrés. La commission chargée de la navigation de la Vilaine statuera plus tard sur l'emploi ou la vente de ces bois.

Le comité révolutionnaire de Bain a fait subir un interrogatoire à un particulier arrêté sans passeport. Il a été reconnu que cet individu est un déserteur qui a servi dans une bande chouans. Il a été dirigé sur le tribunal criminel de Rennes.

Nous recherchons 50 fuyards qui n'ont pas eu le courage de partir avec leurs frères d'armes ou qui ont déserté en route. Nous en avons fait arrêter plusieurs et nous continuons nos recherches. Nous allons d'ailleurs mettre à exécution la loi contre leurs père et mère.

Toutes les lois, de votre comité concernant la découverte et la vente des ornements des églises, s'exécutent avec rapidité. Nous serons bientôt en mesure de vous en rendre compte définitif sur leur pleine et entière exécution. La recherche des fers et plombs des maisons des émigrés s'effectue de la même façon.

5 messidor an II

J'ai requis de la municipalité de Bourg-Barré les grains et cidre existant dans la maison d'un condamné à mort dans l'étendue de sa commune, pour être donnés aux troupes de passage à Bain. Nous avons fait enlever quatre fûts de cidre et huit quintaux de grains.

J'ai recommandé aux receveurs de l'enregistrement de ce district de faire récolter, au profit de la République, les foins, grains et légumes provenant des terres d'émigrés.

Esprit public

Notre district, composé de cultivateurs, a peut-être fait moins de progrès que beaucoup d'autres, mais en général l'esprit public y est bon. Les habitants sont paisibles et se soumettent aux lois et aux sages arrêtés de votre comité. Ils aiment et chérissent la Révolution qui les a tiré de l'esclavage où les tenaient les ci-devant nobles et le despotisme des rois. Ils n'ont témoigné aucune inquiétude lors de l'abolition du charlatanisme du ci-devant clergé. Nous n'avons négligé aucun moyen de les éclairer sur leurs propres intérêts. Nous avons par mesure de sûreté, fait conduire au Mont-Libre (Mont-Saint-Michel sans doute) tous les prêtres sermentés de notre district, de sorte que nous en sommes absolument débarrassés.

Biens nationaux

La vente des biens nationaux s'est effectuée avec le plus grand succès. L'estimation de ceux vendus s'élevait à 300 233 livres, 16 sols ; leur vente a produit 423 122 livres 14 sols, soit une augmentation de 119 888 livres 18 sols.

Nous vous donnerons l'état exact des invendus et nous procéderons à leur vente.

J'ai envoyé à toutes les municipalités copie d'un arrêté du comité de salut public ordonnant de s'emparer du linge et des ornements des églises. Ce travail est à peu près terminé.

Biens des pères et mères d'émigrés

Le décret de la convention nationale du 17 frimaire, relatif au séquestre des biens des pères et mères qui ont des enfants émigrés, a reçu son exécution dans notre district. Nous avons recommandé aux municipalités de donner aux receveurs des domaines, l'état des biens des pères et mères d'émigrés. Nous avons attendu les ordres de l'administrateur des domaines nationaux pour ordonner le séquestre de ces biens, attendu que la convention n'a décrété que le principe et non le mode d'exécution.

Esprit public

L'arrestation d'un prêtre réfractaire dans la commune de Saint-Malo de Phily prouve qu'il est encore des traîtres dans cette petite commune.

Cet événement nous a mis à même de constater que plusieurs habitants de cette commune recelaient des prêtres insermentés et autres contre-révolutionnaires que nous présumions émigrés. Les receleurs ont été arrêtés et ont été conduits à la maison d'arrêt de Rennes.

Comme les renseignements ont été donnés à Rennes et que c'est la force armée de cette ville qui a saisi les coupables, nous ne pouvons vous donner plus de détails. Les autorités constituées de Rennes ne manqueront pas de vous les fournir.

Nous écrivons à la municipalité de Saint-Malo-de-Phily pour lui prescrire de surveiller sans cesse et de déjouer, par son activité, les complots des malintentionnés. Nous lui rappelons que nous avons même envoyé vers elle des commissaires pour découvrir des personnes suspectes qui, assure-t-on, se sont réfugiées dans cette commune.

1er thermidor, an II

La plupart de nos prêtres constitutionnels ont obtenu leur élargissement. Veuille l'être suprême qu'ils ne donnent que de bons principes dans les communes où ils établiront leur domicile.

L'éducation nationale est en partie organisée dans l'étendue de notre ressort. Elle le serait depuis longtemps si nous ne manquions pas d'instituteurs. Nous allons stimuler de nouveau nos municipalités en retard. Beaucoup d'entre elles ne pourront placer que des instituteurs peu instruits. Nous savons que le patriotisme doit être la première qualité d'un instituteur.

L'esprit public est généralement bon et à la hauteur de la Révolution. Les prêtres insermentés enlevés à leurs fonctions presque aussitôt après leur désobéissance à la loi, n'ont pas eu le temps d'y semer le poison du fanatisme.

Nous voyons avec chagrin que des 50 fuyards dont nous vous avons entretenu, il en reste 30 que nous ne pourrons parvenir à faire rejoindre, faute de pouvoir les découvrir. Si les bras ne manquaient pas pour les travaux de la récolte, nous pourrions peut-être en faire arrêter quelques-uns par l'incarcération de leurs parents. Nous avons déjà usé de ce moyen qui ne nous a pas réussi, nous les avons, conformément aux ordres du représentant du peuple, mis en liberté pour leur permettre de retourner aux champs.

4 thermidor, an II

Je vous adresse l'état de l'argenterie provenant des ci-devant églises de notre district. Je vous enverrai prochainement celui des ornements et linges. Nous allons faire enlever les galons des ornements afin de les vendre.

De nombreux assassinats ayant eu lieu dans le district de Châteaubriant par une bande de forcenés connus sous le nom de chouans, nous nous sommes réunis à la société populaire de Bain pour demander à Rennes une force armée de cent hommes pour tacher de préserver notre pays de l'incursion de ces brigands.

6 thermidor

Nous avions estimé le montant des biens d'émigrés condamnés et déportés de notre district à 3 et 4 millions dans un état approximatif envoyé à la commission des revenus nationaux. En général, la vente des biens triple le prix d'estimation dans l'étendue de notre ressort, ce qui prouve que nos administrés, seuls acquéreurs jusqu'à ce jour, ne craignent pas le retour des ci-devant nobles.

18 messidor

Nous enjoignons aux pères et mères des émigrés de fournir l'habillement de deux volontaires pour chaque enfant émigré. Nous avons procédé à l'affermage du bien d'un père d'émigré détenu comme ci-devant noble. Nous présumons que quelques-uns d'entre eux obtiendront des arrêtés favorables comme ayant fait leur possible, pour s'opposer à l'émigration de leurs enfants prêtres.

2 fructidor

L'emprisonnement des pères et mères a produit dans quelques communes de notre arrondissement, l'effet que nous attendions, huit de ces fuyards se sont présentés devant nous. Nous les avons fait conduire à Rennes pour, de là, être dirigés sur leurs corps.

10 fructidor

Nous ne vous dissimulons pas que les inquiétudes dont nous vous avons plus d'une fois fait part, relativement aux assassinats et aux rassemblements qui ont eu lieu dans plusieurs districts qui nous avoisinent, ne sont pas entièrement dissipées.

Un événement, arrivé dans notre district, nous a fait craindre de voir s'y réaliser ce que nous redoutions le plus, c'est-à-dire, un rassemblement d'étrangers contre révolutionnaires pour entraîner dans leur parti ceux de mes administrés encore mal affermis dans les sentiers de la Révolution.

Quatre individus, armés de fusils et de pistolets, se sont présentés, dans la nuit du 6 au 7 de cette décade, chez un commandant de garde nationale de l'un de nos cantons, lui ont enlevé ses armes, ne lui ont fait aucun mal et ne lui ont rien pris autre chose.

Nous avons fait poursuivre ces malheureux sans pouvoir les atteindre. Nous avons, par mesure de sûreté, demandé au général Moulin, commandant la place de Rennes, des cantonnements de force armée de 25 hommes dans chaque chef-lieu de canton, où un détachement de cent hommes à Bain, pour se porter au besoin sur les points qui se trouveraient menacés.

Nous avons proposé au représentant Alquier, avant son départ de Rennes, de faire abattre un bois national situé dans celle de nos communes sur laquelle nous avons le moins de confiance, tant pour le mauvais comportement de plusieurs de ses habitants que par suite du voisinage d'autres communes malsaines situées hors de notre district. Il a même été commis des assassinats dans ce bois.

15 fructidor, an II

La trésorerie nationale nous demande un compte de la dépouille des ci-devant églises.

Le seul article, des galons attachés aux ornements, nous arrête dans la reddition de ce compte. Le défaut d'appartements commodes pour faire travailler au dégazonnement de ces nippes ci-devant sacerdotales, nous a empêché jusqu'à ce moment d'y faire travailler. La difficulté va bientôt être levé et nous pourrons alors avoir le poids des galons et les envoyer à leur destination.

3ᵉ décade de fructidor, an II

Le district de Redon vous rendra compte d'une capture intéressante faite sur l'une des communes qui nous avoisine, de trois prêtres réfractaires, d'un noble présumé émigré et de neuf à dix autres contre-révolutionnaires et receleurs de ces conspirateurs, à laquelle des gardes nationaux de notre district ont concouru.

Cette arrestation permettra sans doute de découvrir le complot qui se tramait contre les patriotes tant dans notre district que de celui de Redon.

Les habitants de notre district, même les calotinocrates ont appris cette arrestation avec plaisir.

Nous avons quelques inquiétudes sur la mise en liberté de quelques détenus et d'individus arrêtés comme ayant pris part à l'attroupement qui eut lieu dans quelques-unes de nos communes. Nous allons recommander aux municipalités où ils sont en résidence de les surveiller avec la plus scrupuleuse attention.

1re décade de vendémiaire, an III

Toujours le vice-président du district au comité de Salut public.

Nous ne vous dissimulerons pas qu'il existe dans notre district des personnes qui, si elles n'étaient soigneusement surveillées, ne manqueraient pas d'y occasionner des troubles. Ce sont, pour la plupart, de vieilles bigotes attachées à l'ancien charlatanisme des ci-devant prêtres et quelques vieux égoïstes à qui le nouvel ordre des choses n'est pas agréable.

Voisins de la Vendée, cernés presque de toutes parts de districts où les chouans ont exercé et exercent continuellement leur ravage, la plus grande surveillance est nécessaire pour nous préserver des malheurs qui nous entourent.

Nous nous occupons de la formation de notre bibliothèque nationale.

Nous vous avons précédemment fait part des obstacles qui s'opposaient à cet établissement, obstacles que vous avez vous-même levé en nous autorisant à établir cette bibliothèque à la ci-devant cure de Bain.

2e décade de vendémiaire, an III

Les habitants de notre district ont pu se préserver de l'incursion de ces hordes scélérates et meurtrières connues sous le nom de chouans à l'exception, toutefois, de cinq à six communes où une troupe de ces insurgés a pu pénétrer par suite de l'insigne perfidie du commandant de la garde nationale de ces communes qui a payé de sa tête son horrible forfait. Et encore, ces misérables ne souillèrent que pendant 24 heures le sol de notre district.

Un nouvel événement arrivé sur le territoire de Châteaubriant, à quatre lieue de notre district, nous confirme de plus en plus sur le bon esprit de nos administrés. Des chouans ayant assassiné trois patriotes, aussitôt la garde nationale de la commune qui avoisine de plus près celle du district de Châteaubriant se mit sur la défensive et les autres communes suivent son exemple.

En un mot nous avons la satisfaction de voir que les habitants de notre district ont empêché par leur fermeté les incursions des brigands qui désolent les districts voisins.

Les ci-devant nobles et prêtres sont en horreur à la majeure partie de nos administrés. Les biens, tant meubles qu'immeubles de ces anciens despotes, se vendent avec tout l'avantage possible, et il semble qu'on les préfère aux biens des particuliers.

3ᵉ décade de vendémiaire, an III

Des êtres malfaisants, que des âmes faibles ont l'adresse de soustraire à nos poursuites (nous voulons parler de deux ou trois prêtres assermentés, font, dans certaines contrées de notre district, de nouveaux efforts pour fausser l'esprit public).

Nous sommes à la poursuite de ces scélérats et espérons tôt ou tard, malgré les soins de ceux qui cherchent à les soustraire à la juste vengeance des lois, parvenir à les découvrir.

L'opinion de la masse de nos administrés est toujours bonne, mais n'a point atteint ce degré d'énergie qui doit caractériser de vrais républicains.

Nos habitants vivent paisibles dans leurs foyers, plaignent beaucoup les districts infestés de chouans, mais n'ont pas le courage de découvrir les malveillants dont ils sont entourés. Ils sont contents de la Révolution, acquittent leurs contributions, satisfont aux réquisitions, acquièrent des domaines nationaux, mais n'ont pas assez de fermeté pour découvrir et déjouer les manœuvres des ennemis du bien public. Ils voudraient en un mot jouir des avantages de la Révolution sans qu'elle leur coûtât aucune peine.

3ᵉ décade de brumaire, an III

Les principes d'humanité et de justice qui sont à la base de toutes les actions du représentant Boursault en mission dans notre département produisent dans nos campagnes le meilleur effet.

Quantité d'âmes faibles ouvrent enfin les yeux à la lumière et reconnaissent leurs erreurs. Il ne reste que quelques froids individus qui, n'osant se montrer au grand jour, attendent pour figurer sur l'horizon politique, à n'avoir plus aucun espoir de retour de l'ancien ordre des choses. Ces êtres vils et méprisables, que nous ne pouvons signaler et qui ont certainement concouru au massacre d'une citoyenne de notre district, ne manquent pas de se réunir aux chouans qui nous environnent.

1re décade de frimaire, an III

Nous ne vous dissimulerons pas qu'il doit exister dans notre district deux ou trois prêtres réfractaires qui nous donnent des inquiétudes.

Le nouveau comité de surveillance ne va pas manquer de seconder nos efforts pour découvrir ces trois fanatiques.

2e décade de frimaire, an III

Nous vous avons fait part des désarmements qui ont eu lieu dans notre district, toujours dans le même canton et dans les hameaux assez rapprochés. La décade derrière nous en offre encore un du commandant de la garde nationale de Saulnières. Heureux encore que ces monstres se bornent au désarmement des patriotes !

Mais, ne sommes-nous pas fondé de craindre qu'une fois approvisionnés en armes, ils ne tombent en masse sur nous ou sur nos communes patriotes en se portant aux derniers excès ?

Nous avons reçu un arrêté du représentant Lecarpentier, en date du 16 thermidor, relatif à l'enlèvement de tout signe extérieur du culte, à la démolition des chapelles qui pouvaient encore servir à fomenter le fanatisme, et portant des mesures répressives contre les rassemblements nocturnes.

1re décade de nivôse, an III

La réorganisation des municipalités de notre ressort a, pendant cette décade, entravé la marche de l'exécution des lois.

J'ai le regret de vous annoncer que le voisinage des chouans y apporte beaucoup d'obstacles. Une de nos nouvelles municipalités refuse de recevoir le bulletin des lois dans la crainte d'être assailli par les brigands qui ont déjà fait des incursions sur son territoire ; qu'une escouade de cette horde vient de se porter sur la commune de Fougeray où elle a désarmé plusieurs citoyens, maltraité l'un d'eux et a défendu à tous de livrer au magasin militaire de Rennes la part de grain qu'ils doivent fournir.

Nous apprenons au dernier moment que le citoyen de Fougeray maltraité par les chouans est dans un état tel qu'on désespère de ses jours.

Bain, 1ʳᵉ décade de pluviôse, an III

Le vice-président du district au comité de Salut public.

Malgré toute notre surveillance, les chouans, depuis le commencement de ce mois, ont fait de fréquentes incursions sur notre territoire et principalement sur les communes qui avoisinent les districts de Bain et de Châteaubriant.

Ils ont assassiné, pillé et désarmé, quantité de patriotes, et ont jeté la terreur et le découragement dans nos municipalités nouvellement organisées.

Ils ont défendu aux officiers municipaux de remplir leurs fonctions et aux habitants des communes de ne faire aucune fourniture pour l'approvisionnement des armées.

Nous ne pouvons vous promettre que les lois puissent être exécuté dans l'étendue de notre district si l'on ne nous envoie pas des forces suffisantes pour chasser les chouans et relever le courage des habitants.

2ᵉ décade de pluviôse, an III

Les chouans se portent sur les grandes routes pour empêcher l'arrivée des denrées.

Les préposés au service des vivres et fourrages nécessaires aux troupes de la République ne se les procurent qu'à des prix exorbitants.

Les habitants paient le pain six livres huit livres, et nous ne croyons pas qu'il reste à ce prix.

Le peu de confiance dans les assignats — dont un certain nombre est faux — leur donne le plus grand discrédit.

Nous ne connaissons aucun moyen d'approvisionnement ; les districts qui nous environnent se trouvent dans la même situation que nous.

L'interruption de la navigation de la rivière de Vilaine qui nous sépare du district de Redon, ordonnée par mesure de sûreté, nous prive des faibles ressources en grains que les cultivateurs de ce district, plus fertile que le nôtre, conduisaient à nos marchés.

Les commissaires, par nous nommés pour l'estimation de biens nationaux restant à vendre, ne peuvent s'en occuper dans la crainte qu'ils ont d'être assassiné dans les campagnes. Il ne serait pas prudent, en effet, qu'ils y allassent en ce moment, ils ne manqueraient pas d'y trouver une mort certaine. Les ventes ne pourraient d'ailleurs se faire d'une manière avantageuse, les brigands s'attaquant particulièrement aux acquéreurs de domaines nationaux.

19 germinal, an III

Nous vous adressons, citoyens, copie de deux requêtes de différents particuliers des communes de Bruz et de Pancé qui demandent à affermer les églises desdites communes pour y faire célébrer les cérémonies du culte catholique, apostolique et romain qu'ils déclarent professer.

Nous vous prions, citoyens, de nous marquer le plus tôt possible, si nous devons autoriser le receveur de l'enregistrement à affermer les églises des différentes communes de ce district, ou nous tracer la marche que nous devons suivre touchant ces requêtes, et autre de même nature, qui pourrait nous être présenté.

5 prairial, an III

Il serait bien consolant pour nous de pouvoir vous apprendre que le calme, la tranquillité et la soumission aux lois et à vos arrêtés, commencent à rependre vigueur dans l'étendue de notre district ; mais nous ne pouvons encore avoir la satisfaction de vous tenir ce langage, nous avons même tout à craindre que si la conciliation entamée entre les représentants en missions et les chefs de chouans, qui sont répandus dans nos malheureuses contrées, n'a pas une heureuse réussite, nous n'ayons bientôt à vous faire part de scènes encore plus affligeantes que celles que nous vous avons détaillées.

Nos administrés ont écouté les insinuations perfides des ennemis du bien public, et de la désobéissance aux lois, de la part des habitants des campagnes, de la désorganisation des municipalités dont les membres ont été obligés de renoncer à leurs fonctions et de chercher leur salut dans l'abandon de leur poste.

Telle est, citoyens représentants, la malheureuse position où nous nous trouvons depuis que les chouans se sont portés sur notre territoire, position qui entraîne des malheurs incalculables.

15 prairial, an III

Le discrédit des assignats, et même de la monnaie républicaine, est à un tel point, que cinq sous en liards de l'ancien régime son préférés à un assignat de cinq livres, et que les habitants des campagnes préfèrent garder leurs grains et autres denrées que de les vendre en assignats à quelque prix que ce soit, ce qui nous fait craindre une disette prochaine, et, par suite, une insurrection des villes contre les campagnes.

Le grain et le pain sont à un prix qui ne permet plus au manouvrier de s'en procurer. Le boisseau de seigle pesant cinq livres, se vend cent livres en assignats et encore n'en trouve-t-on pas. Le pain de six livres, 16l. 17s. 18d. ; Il en a été vendu jusqu'à vingt-cinq livres ;

La plupart des boulangers refusent entièrement de vendre leur pain en assignats, attendu, disent-ils, qu'ils ne peuvent se procurer de grains dans les campagnes qu'au moyen de numéraire.

Quoi qu'il en soit du manque absolu de confiance dans les assignats, les habitants des campagnes qui ont le moyen d'en faire rentrer au trésor public en acquittant leurs impositions et les annuités des domaines nationaux qu'ils ont acquis, ne satisfont à aucune de ces obligations.

Il n'est rentré, depuis plus de trois décades, aucun fonds à la caisse du district. Les percepteurs des contributions sont obligés de cacher leurs rôles pour les soustraire aux flammes. Il en a même été incendié deux et peut-être davantage, car les percepteurs et autres individus pillés par les chouans, soit qu'ils soient de leur parti ou qu'ils aient défense de nous prévenir de ce qui leur arrive, ne nous font part d'aucune manœuvre des ennemis du bien public.

Peut-être, penserez-vous qu'il serait possible de ramener la persuasion et même par la force des personnes égarées. Nous avons employé le premier moyen sans résultat pour faire rentrer les réquisitions de grains et de fourrages pour l'approvisionnement des armées. Quant au second moyen, il n'est pas en notre pouvoir de l'employer ayant à peine une force armée suffisante pour faire face à trois cents chouans.

23 prairial, an III

La coalition de nos administrés avec les chouans est presque générale, et encore si notre district était le seul dans cette malheureuse situation, mais tous ceux qui nous environnent sont dans le même cas.

Les chefs des chouans, en négociant pour la paix, assurent avoir donné les ordres les plus exprès pour qu'il ne se commette aucune hostilité et, cependant, les pillages et les massacres continuent.

On nous a assuré hier, 22 du courant, que deux patriotes ont été assassinés dans la commune de Fougeray sur le territoire de notre district, à deux lieues et demi de distance du chef-lieu. Nous apprenons chaque jour qu'il se commet des brigandages et des assassinats sur les districts voisins.

Quel parti prendre dans une telle situation ?

Quels moyens employer pour rétablir l'ordre et faire exécuter les lois ?

Nous n'en connaissons pas et attendons tout de la convention nationale et de ses comités.

Nous recevons à l'instant copie de votre arrêté du 4 de ce mois qui met en réquisition le 5ᵉ des grains, farines et légumes secs existants, dans les districts et communes affectées aux approvisionnements des armées et de la Commune de Paris.

Comment pourrons-nous ; dans les malheureuses circonstances où nous nous trouvons ; faire exécuter cet arrêté ? Il est indispensable que la conciliation entamée avec les chefs des chouans soit terminée avant que nous ne puissions rien obtenir de nos administrés, et encore, aurons-nous bien de la peine à les faire revenir de leurs égarements.

Du dimanche 1er janvier 1792, nous Maire, Municipaux et notables, soussignés, présent le Procureur de la commune, assemblés à la maison commune et délibérant sur les menaces faites par les gens de la paroisse de Chantepie, tous gens pervertis par leur ancien curé, de tomber aujourd'hui armés sur notre paroisse de Domloup.

« De maîtriser ces habitants ; et considérant que les sieurs Rihet et Primault, curé et vicaire de notre petite paroisse, ne cessent, depuis environ deux ans, d'alarmer les consciences, non seulement de nos habitants, mais de ceux des paroisses circonvoisines, par des manœuvres concertées et combinées avec les autres prêtres et curés réfractaires, pour inspirer au peuple que tous les nationaux qui entendent la messe des prêtres assermentés et en reçoivent les sacrements sont schismatiques et damnés.

« Considérant que tous ces manœuvres ne tendent qu'à fomenter la guerre civile et à faire agir le poignard du fanatisme pour tascher d'opérer une contre-révolution ; qu'aussi les esprits ont formé deux partis, et commencent à s'aigrir.

« En sorte qu'il serait très dangereux de souffrir plus longtemps lesdits sieurs Rihet et Primault dans leurs places de curé et vicaire, au risque de voir une insurrection se manifester en dedans, tendis qu'au dehors, les émigrants en relation avec tous les prêtres réfractaires et coalisés, tachent de faire la guerre à la nation française.

« D'après toutes ces considérations, et sous le bon plaisir de l'assemblée nationale et des Directoires du département, et du district d'Ille-et-Vilaine, nous avons arrêté d'assembler la garde nationale de notre paroisse, et de demander secours à celle de Châteaugiron sur le champ, pour nous soutenir contre les gens de Chantepie.

« Et dans la déclaration que nous allons faire après la grand-messe aux dits Rihet et Primault, que nous n'entendons ni ne voulons pas qu'ils fassent désormais aucune fonction de curé ou vicaire en cette paroisse, puisqu'ils se refusent au serment ordonné par l'Assemblée Nationale.

DÉLIBÉRATION
DU CONSEIL MUNICIPAL
DE DOMLOUP EN 1792

« Et qu'au contraire, ils ne font que propager et le fanatisme surtout en confession, avec injonction à l'un et à l'autre, de se retirer au moins à trois lieues loin de notre paroisse ; même de fermer notre église, et de nous en saisir des clefs, en signe de leur expulsion.

« Cet arrêté pris et lesdites gardes nationales mandées et arrivées un peu avant la grande messe, les gens de Chantepie, dont quelques-uns armés de pistolets, se sont présentés devant nos gardes nationales qui ont voulu les renvoyer.

« Un homme de Chantepie a déchargé son arme sans blesser personne, un autre en a fait autant. Voyant cela, un garde national a tiré un coup de fusil à plombs dans le derrière d'un individu de Chantepie qui s'est sauvé ; un autre ayant reçu un coup de baïonnette, tous ont pris la fuite.

« Après cette affaire, les gardes nationaux sont venus avec nous entendre la messe qui a été célébrée tranquillement.

« Au prône, comme l'on donnait la prière à l'évêque du diocèse, un garde national a demandé le nom du prélat. Le vicaire n'a pas répondu.

« La messe terminée, nous avons annoncé aux sieurs Rihet et Primault qu'ils aient à quitter cette paroisse avant vendredi prochain afin d'éviter des malheurs, et à cesser toutes fonctions de curé et de vicaire.

« Ils ont été déclarés interdits et expulsés avec invitation de venir prendre à la sacristie les effets de leur appartenant, ce qu'ils ont fait après avoir écouté les reproches qu'ils méritaient. Défense leur a été faite d'y rentrer et d'exercer leurs fonctions dans la paroisse.

« Nous avons ensuite fermé la sacristie et l'église dont les clés ont été remises au maire.

« Arrêté sous nos seings, à une heure environ de l'après-midi, lesdits jour et an que dessus.

« Signé : J.Gaultier, procureur de la commune ; Jean Saugneret, Jean Godet, J. Lonapre, Pillet, Monnier, Noël, Blanchet.

PÉTITION DES HABITANTS DE CHATRES, CANTON DE BRUZ,
DISTRICT DE BAIN,

en faveur de leurs prêtres assermentés du IVe jour complémentaire de
l'an III de la République française (20 sept. 1795)

« À la convention nationale, citoyens représentants.

Excusez la liberté que nous prenons de vous écrire.

Nous ne vous ferons pas de beaux compliments par ce que nous ne
savons pas les faire ; mais nous vous dirons la vérité.

Nous croyions que nous avions déjà assez fait de sacrifices pour la
République, sans nous en demander un qui est trop grand pour que nous
l'endurions sans nous plaindre.

Nous avons donné nos enfants pour défendre la République, nous
avons fourni nos grains, nos bestiaux pour son service, nous travaillons
encore tous les jours pour fournir du pain à ceux qui la défendent ;

Nous avons enduré toutes sortes de maux et de peine sans murmures ;
mais citoyens, nous ne pouvons pas souffrir que l'on nous ôte nos prêtres, comme on veut le faire.

Vous avez décrété que tous les cultes étaient libres, nous nous en te-
nons là.

Et pourquoi ne voulez-vous pas que nous ayons des prêtres comme
nous le voulons ? Voulez-vous encore nous donner des jureurs ?

Nous vous déclarons que nous n'en avons jamais eu et que nous n'en
aurons jamais. Ce sont des gens qui sont prêts à tout faire ;

Nous ne voulons pas de cela.

Il est dit que vous ne voulez plus de prêtres, à la bonne heure pour
vous ; mais pour nous autres, nous en voulons par ce que nous en avons
besoin pour nous consoler dans nos peines et nos malheurs, nous ne
voulons pas vivre comme des bêtes, comme nous avons fait pendant
trois ans.

On dit que vous avez décrété, il n'y a pas longtemps, qu'il fallait que
tous les prêtres fassent soumission.

Notre ancien recteur qui n'a pas juré et qui n'est jamais sorti de France et que le Bon Dieu nous a conservé en avait déjà fait une.

Pourquoi faut-il qu'il en fasse une autre ?

Il ne veut pas la faire comme vous la demandez.

Il veut la faire comme il l'a déjà faite avec les restrictions.

Il disait dans sa soumission qu'il se soumettait aux lois civiles, mais qu'il exceptait tout ce qui était contre sa conscience.

Et vous ne voulez pas de cela ! Vous voulez donc qu'il jure ?

Non, il ne jurera pas ; nous ne l'aimerions plus.

Dès qu'il apprit que ce décret était venu, il a tout de suite cessé de dire la messe et de faire ses besognes, de sorte que nous sommes encore comme si nous n'avions pas de prêtre.

Législateurs, cela est bien triste après avoir tant souffert.

Mettez-vous à notre place pour un petit moment. Que feriez-vous ?

Nous vous demandons, citoyens, que vous cassiez le malheureux décret que vous venez de faire et qui est contraire à ce que vous nous disiez dans la constitution que vous nous avez envoyée, afin que le citoyen Levesque, notre ancien recteur, puisse nous dire la messe et faire toutes ses fonctions comme à l'ordinaire.

C'est un bonhomme qui nous prêcha toujours la paix et l'union et qui nous dit sans cesse qu'il faut pardonner à ceux qui nous font du mal. Nous vous le redemandons afin que nous puissions servir le Bon Dieu au moins le dimanche puisque nous travaillons tous les jours pour gagner le pain pour vous et pour nous.

Nous attendons une bonne réponse, législateurs, et nous espérons que vous aurez pitié de nous.

Tous ceux, qui ne savent pas signer, vous demandent la même chose que nous, car nous sommes tous du même sentiment, et même tout notre canton pense comme nous.

À Chatre, le 4e jour complémentaire de l'an III de la République Française.

« M. Lounai, J. Heligon, J. Brisou, P. Lardennec, François Gauvin, Thomas Levesque, G. Joubaire, Perrine Levesque, Rosalie Rougé, Pierre Hervé, Antoine Châtel, Jacques Robin, P. Delamarre, M. Divet, P. Daudi, J. Dautri, J.B. Paignon, L. Gauchard, Marie-Anne Jeusset, P. Jubault fils, F. Amiot, M. Boré, Jean Drouadaine, P. Pigeant,

Jean Cherel, Joseph Texier, M. Damour, Joseph Morel, Marie Renaut, J. Lechau, J. Jan, P. Germain, M. Baunard, M. Guignette, J. Cherel, Marie Brohan, Constance Ménage, Prudence Ménager».

On lit en marge de cette requête : «Renvoyé au Comité de Sûreté générale, 27 vendémiaire en IV (19 octobre 1795)».

Table des matières

LA CHOUANNERIE EN PAYS GALLO

DISTRICT DE VITRÉ

LA CHOUANNERIE EN ILLE-ET-VILAINE

DISTRICT DE BAIN

DÉLIBÉRATION DU CONSEIL MUNICIPAL DE DOMLOUP EN 1792